남이 만든 그릇에
내 인생을 담지 마라

Original Japanese title: SHINAI KOTO LIST

삶의 주도권을 잡고
나답게 사는 비결

남이 만든 그릇에 내 인생을 담지 마라

파(pha) 지음
이연승 옮김

새벽세시

머리말

내 인생은 내가 만든 그릇에 담아라

이 세상에는 무수히 많은 '꼭 해야 할 일'이 있다. '혼자서 여행을 떠날 것' '나를 위한 취미를 만들 것' '한 달에 한 권 이상 책을 읽을 것' '외국어 하나는 배워둘 것' '재테크 지식을 쌓을 것' '트렌드를 놓치지 말 것' '좋은 직장에 취직할 것' '노후를 위해 대비할 것' 등등.

모두 좋은 말이긴 하다. 그런데 과연 그 모든 '꼭 해야 할 일들'이 나에게 '반드시 필요한 일'일까? 어쩌다가 우리는 쏟아지는 '꼭 해야 할 일들' 속에서 쫓기듯 살아가게 된 것일까?

가장 큰 이유는 SNS를 중심으로 퍼지는 "정보의 홍수" 때문이다. 유튜브, 인스타그램, 틱톡, 카페, 블로그 등 다양한 SNS에서 수많은 사람들이 '이렇게 살아야 즐겁습니다(행복합니다)'라며 과시하고, 뽐내고, 자랑하는 걸 보며 '나도 그렇게 살아야 하나'라는 생각이 드는 것이다.

물론 그런 주장들이 완전히 틀렸다는 건 아니다. 그렇게 주장하는 사람들의 상당수가 실제로 행복해 보이니 말이다. 하지만 사람마다 처한 상황이 다르고 원하는 것이 다르니 그들과 똑같이 행동한다고 해서 반드시 행복해진다는 보장은 없다.

'꼭 해야 할 일'이 차고 넘치게 된 두 번째 이유는, 광고 때문이다. 한 사람 당 하루 평균 200개 이상의 광고에 노출된다고 한다. 그리고 그 광고에는 유명하고, 멋지고, 예쁘고, 귀여운 존재들이 나타나 그들처럼 살기 위해서는 "뭐라도 꼭 해야 한다"라는 불안감을 부추긴다.

광고에서는 하루가 멀다 하고 '이 물건을 사라' '여기를 향해 떠나라' '외국어를 배워라' '다이어트를 해라'라고 하면서, 그렇게 하지 않으면 시대에 뒤처지는 것이라고 우리를 불안하게 만든다. 우리는 광고라는 것이 그저 무언가를 팔아먹기 위한 '꼬드김'이라는 사실을 잘 알고 있다. 그러나 그런 광고에 반복적으로 노출되다 보면, 무의식적으로 '그렇게 하지 않으면 안 될 것 같은 불안감'에 사로잡히고 만다.

이렇게 말하는 나도 사실은 '꼭 해야 할 일'에 쫓기며 산 적이 있다. 내가 무엇을 하고 싶은지도 모르는 상태에서 '일단 남들이 하는 일은 다 해야겠다'라고 생각했고, 어설프게 학교에 다니며 열심히 학업에 임했다. 엉겁결에 꽤 좋은 대학에 들어가 졸업도 하게 되었고, 나름 안정적인 회사에 취직도 했다. 그런데 거기까지는 남들과 비슷하게 살아올 수 있었으나 직장에는 도무지 정이 붙지 않아 괴로운 나날을 보낼 수밖에 없었다. 남의 인생을 흉내 내며 살아온 나에게 맘에 드는 도착지가 있을 리는 없었다.

삶의 중심을 잡지 못하고 살던 나에게 어느날 우연히 들려온 짐 캐리의 일화는 일종의 계시처럼 깊은 인상을 남겼다.

짐 캐리는 어린 시절 일용직 노동자로 일해야 했다. 아버지가 실직한 상태였기에, 집안의 생계를 유지하려면 무엇이든 돈이 되는 일을 해야만 하는 상황이었다. 그런 아들을 지켜보던 짐 캐리의 아버지는 어느 날 뜻밖의 이야기를 꺼냈다.

"내 꿈은 원래 배우였다. 남들보다 뒤처지면 안 된다는 생각에, 적어도 평범한 삶은 꾸려야 한다는 불안감에, 배우의 꿈을 포기하고 회계사 일을 시작했지. 내가 원하는 일은 아니었지만, 벌이도 나쁘지 않았고 남들 보기에도 부끄럽지 않았다. 그런데 지금의 나를 봐라. 나는 결국 회사에서 잘리고 실직자 신세가 되었다. 안정적이라는 이유로 하기 싫은 일을 해도 실패할 수가 있단다. 하기 싫은 일을 해도, 하고 싶은 일을 해도 실패할 수 있다면, 너는 하고 싶은 일을 하면서 살아라."

아버지 대신 가족을 꾸려야 한다는 압박감과 가난에서 벗어나야 한다는 불안감 속에 살던 짐 캐리에게 '꿈'이라는 단어는 사치였다. 하지만 아버지의 말을 듣고 짐 캐리는 처음으로 자신이 진정으로 하고 싶었던 일이 무엇인지 생각해 보게 되었다. 그리고 그는 '이왕 실패할 거라면 배우로 실패해 보자'라고 다짐했다.

짐 캐리는 17살의 어린 나이에 스탠드업 코미디언으로 처음 이름을 알리게 되었다. 길어지는 무명생활에 길거리에서 노숙하기도 했고 공중화장실에서 씻어야 했던 적도 있었지만 조급해하지 않았다. 그저 묵묵하게 활동 영역을 넓혀갔다. 그리고 15년 뒤, 주연을 맡은 3개의 영화가 연달아 흥행에 성공하며 그의 인생은 빛을 보게 되었다.

짐 캐리가 '코미디의 제왕'이 될 수 있었던 것이 아버지의 조언 때문만은 아닐 것이다. 그리고 아버지의 말과는 달리, 누군가는 먹고살기 위해 '안정적이라는 이유'로 하기 싫은 일을 해야 할 수도 있고, 그것이 잘못된 것은 아니다.

하지만 짐 캐리와 아버지의 일화에서 우리가 반드시 배워야 두 가지 사실이 있다. 첫 번째는 인생은 한 번뿐이라는 것이고, 두 번째는 인생은 결국 나를 위한 것이어야 한다는 사실이다.

짐 캐리의 일화를 접한 나는 '남들이 한다는 이유로 나와 맞지 않는 일에 힘 쏟지 말자' '타인의 그릇에 내 인생을 맞추지 말자'라고 다짐하며 3년 만에 회사를 그만두었다.

그리고 지금은 대부분의 '꼭 해야 할 일'에서 벗어나 내가 하고 싶은 일과 살아가는 데 필요한 최소한의 일에만 집중하여, 편안한 일상을 보내고 있다.

남들이 정한 기준에 쫓기지 않으면서 마음의 여유를 지니고 살아가려면 짐 캐리처럼 결국 나 스스로 '그 일이 정말 나에게 필요한가'를 일일이 짚어봐야 한다. 그 판단의 기준을 자신의 바깥에 두는 한, 다른 사람에게 휘둘리는 삶에서 벗어날 수 없다. 그래서 자신을 위한 삶을 살고자 한다면 다음과 같은 두 가지 포인트를 반드시 갖춰야 한다.

① 다른 사람이나 세상의 평가보다 **'나만의 가치관'**에 따라 행동하기

② 다른 사람이나 세상의 속도가 아닌 **'나만의 속도'**로 삶을 살아가기

결국, 행복한 삶이란 '나만의 가치관'을 명확하게 정립한

후에, '나만의 속도'로 나아가는 사람에게 찾아온다. 내 인생 그릇에 타인을 담아서도, 타인의 인생 그릇에 나를 담아서도 안 된다. 모든 인생은 다른 모양과 크기를 지닌다. 사회의 주류가 되는 일이라 해서 안정성이 보장되는 것도 아닐뿐더러, 오히려 가치관에 맞지 않는 일은 불행을 가져다줄 뿐이다.

'평균적인 삶'이나 '안정적인 삶'이라는 틀에서 벗어나 나다운 인생을 살고 싶다면, 지금부터 이 책을 읽으면서 내 마음을 괴롭히던 인생의 '가짜 숙제'들을 하나씩 지워나가 보자. '가짜 숙제'들을 하나씩 삭제하다 보면 당신이 진정으로 살아 나가야 하는 '진짜 삶'을 찾아낼 수 있게 될 것이다.

목차

머리말 4

1장 인생을 숙제처럼 살지 마라

가끔은 게으름이 부지런함보다 낫다 17
인생을 숙제처럼 살지 마라 22
때로는 도망치는 것도 도움이 된다 27
기대하지 않으면 실망도 없다 31
잘 살고 싶으면 잠부터 잘 자라 36
책임은 나눌수록 가벼워진다 41
멈추었을 때 비로소 답이 보인다 46
나를 잃어가며 해내야 할 일은 없다 51
몰아서 쉬는 건 안 쉬는 것만 못하다 56
인생을 바꾸려면 환경부터 바꿔라 61

2장 남이 보는 시선에 나를 가두지 마라

내 탓도, 남 탓도 하지 마라 69
타인은 결코 바꿀 수 없다 73
노력이 아니라 운이 부족했던 것이다 77
보통의 방식에 나를 끼워 넣지 마라 82
스쳐 갈 사람들에게 목 매지 않는다 88
계획에 집착할수록 후회만 커진다 92
두려움은 선입관에서 생겨난다 96
정해진 기준에 나를 구겨 넣지 마라 100
감정을 참으면 마음이 고장난다 105
마음이 힘들 땐 따뜻한 음식을 먹자 110

3장 누군가의 삶에 나를 맞추지 마라

포기할 줄 알아야 무너지지 않는다 117

정해진 프레임에 나를 가두지 마라 121

가끔은 제멋대로 해야 일이 풀린다 128

제때 그만두는 것도 능력이다 133

남이 만든 그릇에 나를 담지 마라 137

조언은 적당히 흘려들어도 괜찮다 142

알고 있다고 다 말하지는 마라 146

생각이 복잡할 땐 생각하기를 멈춰라 150

시간 따라 살지 말고 마음 따라 살아라 155

삶의 빈틈이 있어야 행복이 찾아든다 159

4장 스쳐 가는 것들에 매달리지 마라

방이 정돈돼야 마음도 정돈된다 165

가짜 즐거움에 시간을 허비하지 마라 169

행복은 느긋함 속에 숨어 있다 174

물건에 매달리며 살지 마라 178

좋은 것을 혼자 가져서는 안 된다 183

가끔은 머릿속도 대청소가 필요하다 188

메모만 해도 기억력이 좋아진다 195

머리를 믿지 말고 손가락을 믿어라 201

똑똑한 사람은 그만둘 때를 안다 207

과한 것보다는 모자란 것이 낫다 211

맺으며 217

1장

인생을 숙제처럼 살지 마라

가끔은 게으름이 부지런함보다 낫다

현대 사회에는 필요 이상으로 열심히 사는 사람들이 많다. 다들 조금씩 게으름을 피우며 적당히 살아도 괜찮지 않을까 생각하곤 한다.

물론 열심히 하는 자세를 부정하겠다는 말은 아니다. 분명 그런 자세가 필요한 때도 있다. 열심히 해야 하는 순간에는 최선을 다하면 되고, 왠지 잘 해내고 싶은 일이 있다면 진솔한 마음에 따라 그냥 열심히 임하면 된다.

하지만 기력이나 체력의 한계를 넘어섰는데도 '성공하려면 더 열심히 해야 해. 좀 더 버텨보자'라고 생각하며 스스로를 다그치다가 결국 건강을 해치고 마음의 병을 얻는 사람이 꽤 있다. 결코 바람직하지 않은 일이다.

'열심히 하는 것이 무조건 좋다'라는 생각은 우선 버리자. 열심히 하는 것도 좋지만 그보다 더 좋은 것은 '열심히 하지 않고도 해내는 것'이다.

프로그래밍 언어 펄Perl을 창시한 유명 프로그래머 래리 월Larry Wall은 이런 말을 남긴 바가 있다.

"게으름, 조바심, 자만심은 프로그래머의 3대 미덕이다."

어째서 게으름이 미덕일 수 있는 걸까? 그것은 게으른 사람일수록 일을 하기 싫어서 어떻게 하면 더 빨리, 효율적으로 일을 끝낼지 깊이 고민하기 때문이다. 열심히 일하는 사람은 다소 귀찮은 일이 있어도 체력과 근성으로 어떻게든 버텨내지만 게으른 사람은 모든 일을 성가시게 느껴 더 효율적인 방법을 떠올리려 한다. 그리고 바로 그때 새로운 발상이 만들어진다.

한편 쿠르트 폰 함머슈타인 에쿠오르트Kurt Von Hammerstein-Equord라는 독일 장군은 이런 말을 남겼다.

"유능하면서 게으른 자는 지휘관으로 삼아라.
유능하면서 부지런한 자는 참모로 삼아라.
무능하면서 게으른 자에게는 단순 반복 작업을 시켜라.
무능하면서 부지런한 자에게는 책임을 지우지 말라."

이 말에서 흥미로운 부분은 '유능하면서 부지런한 자' 보다 '유능하면서 게으른 자'가 지휘관에 더 어울린다는 점이다. 게으른 사람일수록 다른 이에게 일을 맡기는 것에 서슴이 없기 때문이다. 사소한 일에 얽매이지 않고 큰 결단을 내릴 수 있으니 위에서 지시를 내리는 사람으로서 적합하다.

반대로 가장 좋지 않은 것은 '무능하면서 부지런한 자'였다. 그 이유는 무엇일까? 그건 가만히 있어도 괜찮은 상황에서 괜한 조급함으로 쓸데없는 일에 매달리게 되기 때문이다. 결국 '무능하면서 부지런한 자'는 상황을 더욱 나쁜 방향으로 몰아가기 일쑤다.

부지런한 사람은 늘 바쁘게 움직인다. 그래서인지 겉으로 보기에는 뭔가 대단한 일을 하는 것같아 보인다. 그러나 실은 '가만히 있어야 하는 상황에 익숙하지 않아서는 뭔가를 강박적으로 하는 것'뿐일 수도 있다. '집에 가고 싶지 않으니 야근한다'라거나 '할 일이 없으니 휴일에도 일한다'라는 경우와 비슷한 셈이다.

결국 일하는 방식은 개인의 취향 같은 것이다. '정말로 그 일이 필요한가'라는 관점에서 보면 실은 하든 하지 않든 큰 차이가 없을 때가 많다.

결론적으로 부지런한 사람은 어떻게든 체력과 정신력으로 문제를 해결하려 들지만, 게으른 사람은 최대한 효율적인 방법을 강구하려 하는 것이 큰 차이라고 볼 수 있겠다. 뭐든 열심히 하는 것이 적성에 맞는 사람은 그렇게 하면 되지만, 모두가 그를 따라 할 필요는 없다.

더군다나 무엇이든 열심히 하겠다며 무리하게 자신을 쥐어짤 필요는 더더욱 없다. 인생은 일을 하기 위해 존재하는 것이 아니다. 일은 인생을 충실하게 살기 위한 수단에 지나지 않는다.

노력은 생각보다 대단한 것이 아니다. 건강을 해치고 무리를 하면서까지 부지런해질 필요는 결코 없다. 무턱대고 열심히 한다고 해서 무조건 좋은 결과가 보장되는 것도 아니다. 자신이 할 수 있는 범위 내에서 가벼운 마음으로 즐기며 일할 수 있을 때, 성과도 따라오기 마련이다.

1장에서는 몸과 마음에 힘을 빼고 조금은 편안히 살아갈 수 있는 방법에 대해 이야기하고자 한다. 가벼운 삶을 위한 삶의 태도들을 함께 살펴보도록 하자.

인생을 숙제처럼 살지 마라

나는 X(트위터)에 "피곤해"라는 말을 자주 쓴다. 비단 X(트위터)만이 아니라 실제로도 "피곤해"라는 말을 입에 달고 산다. 이건 오래전부터 이어져 온 입버릇 같은 것이다. 굳이 "피곤해"라는 말을 습관적으로 중얼거리는 이유는 무더운 여름에 "더워"라고 하는 것처럼 입 밖에 내는 것만으로 그것이 조금 나아지는 듯한 느낌이 들어서다.

그 외에 '피곤하다는 말을 해도 괜찮다'라는 메시지를 널리 알리려는 목적도 있다. 나이가 들어갈수록, 혹은 일이 쌓여갈수록 피로가 축적되는 것은 당연하다. 하지만 왜인지 대부분의 사람이 '피곤하다는 것은 곧 나약하다는 뜻이다'라는 생각을 가지고 있는 듯하다.

"피곤해"라고 말하는 사람을 보면 "긴장이 풀린 거다" "다시 정신 바짝 차리고 버텨야 한다"라는 조언을 건네기도 한다. 개인적으로는 이런 현상이 바람직하지만은 않다고 생각한다.

피로라는 것은 중요한 감각이다. 피로를 단순히 태만함으로 여겨 소홀히 할 게 아니라, 오히려 더 민감해져야 한다. '컨디션이 안 좋다'라거나 '스트레스를 받았다'라거나 '지금 하는 일이 마뜩잖다'라는 등 몸과 마음의 피로가 축적되어 가는 느낌이 든다면, 그건 현재 자신이 처한 상황에 어떤 위화감이 느껴진다는 뜻이다.

즉, 피로란 '잠시 쉬거나 방향 전환을 하는 게 좋다'라고 외치는 몸의 신호인 것이다.

피로를 느끼기 시작한 초기 단계에 스스로를 돌볼 줄 알아야 한다. 피로를 무시하고 일을 계속하면 결국 병에 걸려 드러눕게 된다. 개인적으로는 '오늘 좀 피곤해서'와 같은 실 없는 이유로 당당하게 회사를 쉬어도 괜찮다고 본다. 현대 사회에서 그런 말은 쉽사리 통용되지 않고 사실대로 말하면 빈축이나 사는 게 현실이지만 말이다.

그럴 때는 꾀병이라도 부려 "감기에 걸려서…"와 같은 구실을 대보자. 거짓말도 하나의 방편이다. 회사 안에는 당신을 대신할 다양한 대체재가 갖춰져 있으니 양심의 가책을 느낄 필요는 없다. 피로가 더 심해져서 병이 나기 전에 한 번씩 쉬어 주는 게 나에게도 조직에도 당연히 낫지 않은가. 실제로 병에 걸려 쓰러지기 전까지는 휴식을 할 수 없는 지금의 분위기가 되레 이상하다.

간혹, 자신이 하루라도 쉬면 함께 일하는 사람들이 힘들어질까 봐 휴가를 잘 즐기지 못하는 사람들이 있다. 물론 남을 배려하고자 하는 마음 씀씀이는 좋은 것이다. 하지만 누군가를 배려하려는 마음에 휴식을 미루다 정말 갑자기 쓰러지기라도 한다면, 나도 그가 미워질 것이고 조직에도 큰 피해가 있을 것이다. 내가 응당 누릴 수 있는 시간을 반납하면서까지 타인을 위하는 것은 나 자신에게도, 또 조직에게도, 인간관계에도 결코 좋지 않다. 타인을 위하려다 나를 잃지는 말도록 하자.

나는 모든 사람이 '탄광의 카나리아'처럼 살았으면 한다.

예전에는 유해가스가 가득한 탄광에 들어갈 때 광부들이 카나리아라는 새를 새장에 담아서 들어갔다고 한다. 사람보다 먼저 가스를 감지하고 축 늘어지는 카나리아의 특성으로 미리미리 위험을 인식하게 되기 때문이다.

인간 사회에서도 마찬가지로 스트레스에 취약한 사람은 마치 카나리아처럼 잘못된 상황을 보다 빨리 감지할 수 있다. 체력과 정신력이 뛰어난 사람은 불합리한 상황 속에서도 제법 버텨낼 수 있을지 모르지만, 나는 그런 상황에서 가장 먼저 쓰러지는 쪽이다. 카나리아와 다른 점은 새장 속에서 축 늘어지기도 전에 누구보다 빠르게 도망친다는 점일까.

체력과 정신력이 좋은 사람은 불합리한 상황에서도 잘 견뎌내고 노력하지만, 그렇지 않은 사람들도 있다. 그러나 그런 이들조차도 정말 하고 싶은 일이나 '이건 꼭 해야 한다'라고 생각한 일을 할 때는 피곤함 따위 잊어버리게 된다. '좀 피곤한 걸' '왠지 의욕이 안 생기네'라고 느낀다면 그땐 일의 방향이 자신과 맞지 않거나 속도 조절에 실패한 것이다.

밤을 새워가며 숙제를 해내듯이 인생을 살아서는 안 된다. 인생은 장기전이다. 그때그때 체력을 비축해 두어야 한다. 피로를 느끼는 것은 자신의 의지가 부족한 것이 아니라, 그 일을 다시 한번 돌아봐야 한다는 신호다. 오히려 기회라고 생각하고 피로감에 더 민감하게 반응하자.

때로는 도망치는 것도 도움이 된다

나는 예전부터 겨울에 약했다. 겨울에는 일조량이 적어지면서 쉽게 우울해진다. 무엇보다 추위가 심해 전반적인 활동성도 떨어진다.

밖에 나가거나 사람을 만나는 건 기껏해야 한 주에 한두 번으로 최소화하게 되고 대부분의 시간을 침대에 누워서 인터넷을 뒤적이며 보낸다. 요리하는 것도 귀찮아져 빵 같은 것으로 끼니를 때우기 일쑤다. 겨울의 절반은 겨울잠으로 보낸다고 봐도 과언이 아니다.

겨울만큼은 아니지만 무더운 여름에도 축 늘어지게 될 때가 있다. 날씨가 급격히 더워지면 몸이 나른해진다. 무엇보다 비가 오면 저기압 때문인지 머리도 몸도 무거워지고 숨이 막히는 듯한 답답함이 느껴진다. 비 오는 날에도 보통 집에만 있는다.

여름, 겨울, 거기에 비 오는 날까지 제외하면 내가 순조롭게 활동할 수 있는 날은 실제로 1년 중 6개월 이하일지도 모른다.

이렇게 하나하나 언급하다 보면 문제투성이 같지만 나는 내 체질에도 장점이 있다고 생각한다. 좀처럼 피로를 느끼지 못하는 사람들은 서서히 병들어 가고 있다는 사실도 모른 채 그저 끊임없이 활발하게 움직인다. 그러나 그러다 보면 부지불식간에 피곤이 쌓여 결국 건강이 망가진다. 본래 허약한 체질인 나로서는 강제로라도 정기적으로 쉬는 시간을 가질 수 있으니 장점이 아닌가.

이 사회에는 오랜 기간 열심히 일하다가 결국 병에 걸려 쓰러지는 바람에 병원 신세를 지는 경우가 비일비재하다. 그런 식으로 귀중한 시간을 놓칠 바에는 정기적으로 활동력이 떨어지는 시기를 정해놓고 그 기간만큼은 느슨한 일상을 보내는 등 현실적인 계획을 세우는 편이 훨씬 합리적이다.

우리는 필요 이상으로 쉬는 것에 대한 죄책감이 있다. 겨울에는 춥다는 이유로, 여름에는 덥다는 이유로 하루를 조금 느슨하게 보내 보자. 이렇게 심신의 피곤함을 계절 탓으로 돌리고 나면 어찌 되었건 시간이 해결을 해주는 문제이니 마음도 편하다.

쉬는 시기에는 쉬는 시기대로 또 할 수 있는 일이 많다. 느긋하게 방에 틀어박혀 그동안 내가 한 일을 돌아보는 시간을 가질 수 있고, 갖고 있는 물건들을 정리할 수도 있으며, 타성에 젖어서 지금껏 해온 나쁜 습관(낭비, 음주, 정크푸드 섭취 등)을 재정비하기에도 안성맞춤이다.

휴식하는 시기에 의욕과 에너지를 충전하여 다음 활동 시기를 대비할 수도 있다. 실제로 나는 겨울에 드러누워 지낸 날이 많은 해일수록 그다음 해 봄은 더 활기차게 보내곤 했다.

덧붙이자면 나는 주기적으로 감기에 잘 걸려서 며칠씩을 이불 속에서 지내는 경우가 잦은데 그런 시간도 나름대로 의미가 있다. 한 번은 마사지를 전문으로 하는 지인이 이런 말을 해주었다.

"이따금 감기 같은 가벼운 병에 걸려 몸에 쌓인 피로와 독을 발산하는 것이 좋아요. 감기에도 걸리지 않고 몸에 피로와 독을 쌓다 보면 오히려 중병으로 이어질 확률이 높거든요."

꽤 일리 있는 말이라고 생각한다. 환절기나 비 오는 날에 감기에 걸려 의욕을 상실했을 땐 속상함과 자책감으로 괴로움을 느끼기 쉽다. 하지만 병이란 몸이 나에게 알려주는 SOS 신호이다. 몸이 아플 때야말로 그간 잃어버린 컨디션을 회복할 수 있는 절호의 기회다.

만약 가벼운 병에 걸렸다면, 오히려 다행스럽게 생각해보자. 다시 더 먼 길을 나아가기 위해 만반의 준비를 할 수 있는 귀중한 시간이라 생각하는 것이다. 그저 회복에 전념을 다하면 된다.

편치 않은 몸 상태를 무시하다가는 오히려 더 큰 병이 든다. 조금이라도 몸이 안 좋을 때 최대한 휴식을 해두자.

기대하지 않으면 실망도 없다

'인생을 숙제처럼 살지 마라'에서도 이야기했듯, 나는 "피곤해" 혹은 "귀찮아" 같은 말을 입에 달고 산다. 그런 말을 입 밖에 내는 이유는 '피로를 긍정하고 싶다'라는 의도가 가장 크다. 그러나 실은 '나 자신을 과장하고 싶지 않다'라는 생각이 내재해 있다.

다른 사람이 나를 '이 녀석은 구제 불능에다가 이상한 놈이야'라고 여기는 것이 차라리 편하다. 그래야 '이 사람은 나한테 이런 걸 해줄 것이다'라든지 '이 사람에게 맡겨보자' 같은 헛된 기대를 품지 않는다.

다른 사람이 나에게 쓸데없는 희망을 품지 않아야 내 의지대로 행동하기가 편하다.

물론 세상에는 다른 사람들이 자신을 높이 평가하거나 대단하게 여기는 걸 선호하는 사람이 더욱 많겠지만, 나는 그렇게 타인의 평가를 신경 쓰며 사는 것을 견디기 어려워 하는 성격이다.

'나를 과장하지 말자'라는 마음을 먹게 된 것에는 오랜 인터넷 누리꾼으로서의 생활이 한몫했다. 인터넷에서는 특히 '난 대단해!' '난 잘나가!'와 같은 태도를 보이면 곧바로 싸움으로 번지기 십상이다. 인터넷은 인간의 부정적인 감정이 폭주하기 쉬운 공간이기 때문이다.

익명의 불특정 다수가 서식하는 공간 속에 있다 보면, 현실 세계에서는 함부로 드러내기 힘든 경멸스럽고 한심한 발언도, 오해를 불러일으키기 쉬운 위험한 발언도 무의식적으로 내뱉게 된다.

게다가 그런 공격적인 발언들이 많아질수록 집단 심리 효과로 인해 점점 통제 불가능한 상황에 이른다. 언제 어떻게든 공격받을 수 있는 인터넷 공간에서는 '난 아무것도 모른다' '난 별 볼 일 없는 평범한 인간이다'라는 식으로 스스로를 낮추고 무지한 척해야 거센 풍랑과 마주치지 않을 수 있다.

내 지인 중에는 SNS 계정을 철저하게 분리해서 쓰는 사람이 있다. 친구들과 함께 나누고 싶은 좋은 일이나 기쁜 소식은 폐쇄적인 SNS 계정에만 올리고, 뭔가 힘들거나 공감을 얻고 싶은 어려운 일은 블로그와 같은 개방적인 공간에 올린다. 인터넷 세상에서 살아남기 위한 지혜지만, 인터넷을 하지 않는 사람들도 공감할 수 있는 사실이라고 생각한다.

나는 일본의 간사이 지역 출신이라 이런 현상을 일찍이 파악할 수 있었다. 간사이 사람들은 다른 지방 사람들에 비해 툭하면 "난 바보 멍청이야"라는 식으로 자신을 우스갯감으로 삼는다. 자기 가족이나 친구를 소개할 때도 "이 인간은 진짜 칠칠맞지 못하다니까"라는 농담을 서슴없이 날리고, 누가 안부를 물으면 "되는 일이 하나도 없어" 같은 부정적인 말을 아무렇지 않게 내뱉는다. 간사이 사람들 특유의 이런 화법은 실제 상황과는 무관한 의례적인 인사말이다. 자신을 낮추면서 상대를 편하게 만들어주려는 일종의 배려다.

"요즘 장사 잘됩니까?"라는 질문을 받으면 아무리 장사가 잘되더라도 "뭐 그럭저럭입니다"라고 대답을 하고, 실제로 장사가 그럭저럭일 때는 "파리만 날립니다"라고 대답했던 옛사람들의 말본새와 유사하다. 이런 말투는 괜한 오해나 질투를 차단해 주는 효과가 있다.

자칫하면 상대가 나를 낮춰 보는 부작용이 생길 수도 있겠으나, 그런 시선을 너무 두려워할 필요는 없다. 괜한 허세로 스스로를 높이고 자랑하는 것보다 타인의 반감이나 질투를 사지 않는 게 이득이다. 바꿔 말하자면 '명예보다 실리'를 취하는 자세라 할 수 있겠다.

어떻게 보면 누군가가 나를 얕잡아 보는 건 당연한 일이 아니겠는가. 누구나 세상의 중심은 자기 자신이고 그들에게 내 존재는 그저 스쳐 지나가는 '어떤 것'이다. 누구든 자신의 가치관이 절대적인 기준으로 작용하는 것은 당연한 일이다.

내가 다른 사람의 세계 속에서 보잘것없는 존재이든, 다른 사람의 가치관으로 보기에 구제 불능의 인간이든 신경 쓰지 말자. 자신에 대한 평가를 내릴 때 타인의 기준에 얽매이면 점점 더 타인이 원하는 대로 되어갈 뿐이다. 그저 자신이 스스로의 세계 안에서 나름대로 나를 향한 옳은 평가를 할 수 있으면 된다.

다른 누구도 아닌 유일한 자신을 받아들이고, 나를 인정해 주자. 굳이 자신을 과장하지 않아도 자연스러운 자신감을 지닐 수 있는 상태를 목표로 하자. 그런 사람이 진정 빛나는 법이다.

잘 살고 싶으면 잠부터 잘 자라

몇 년 전에 읽어보게 된 『수면의 힘』이라는 제목의 만화는 2페이지라는 짧은 분량에도 불구하고 나에게 깊은 인상을 남겼다.

『수면의 힘』은 만화가 미즈키 시게루水木しげる의 작품으로 작가 본인이 등장하는 에세이 형식의 만화다. 출판사 파티에서 만화계의 거장 데즈카 오사무手塚治와 이시노모리 쇼타로石ノ森章太郎를 만나 잠에 관한 이야기를 나누는 그의 모습이 그려져 있다.

데즈카 오사무와 이시노모리 쇼타로는 "요즘 바빠서 매일 밤을 새웁니다." "전 철야 이틀째예요." "전 사흘째입니다." 같은 대화를 나누는데, 그런 두 사람을 향해 미즈키 시게루는 이렇게 말한다.

"저는 아무리 바빠도 열 시간은 꼭 잡니다. 잠을 소홀히 하면 안 됩니다. 잠이야말로 장수와 행복의 원천이에요." 그러나 두 사람은 잠에 대해 강조하는 미즈키의 말을 그다지 진지하게 받아들이지 않는다. 그리고 만화의 마지막 장은 다음과 같이 미즈키 시게루가 중얼거리는 장면으로 끝이 난다.

"… 그래서 두 사람은 일찍 세상을 뜨고 말았지."

실제로 데즈카 오사무와 이시노모리 쇼타로는 60세, 미즈키 시게루는 2015년 93세를 일기로 별세했다.

잠을 충분히, 여유롭게 자지 못하는 생활이란, 자신의 생명력을 담보로 시간을 대출받아 빚어낸 삶이 아닐까 싶다. 대출엔 자연히 이자가 붙는다. 잠을 못 자면 몸이 금방 망가지고, 마음에 여유도 사라진다. 하루를 조금 더 길게 사는 대신 건강과 수명을 내어놓아야 하는 것이다.

내가 회사를 그만두고 지금과 같은 삶을 시작했을 때 가장 좋았던 점은 매일 정해진 시간에 일어나지 않아도 되고, 원하는 만큼 잠을 잘 수 있다는 것이었다. 평소 대략 8시간 정도 수면을 취하지만, 어떤 때는 10시간, 많은 날에는 그 이상 잠을 자기도 한다.

중요한 시험이나 프로젝트를 앞두고 잠 잘 시간도 아깝다며 밤을 새우는 사람들을 자주 목격한다. 왜 사람들은 언제나 '잠'을 가장 먼저 포기하는 것일까.

잠이 부족하면 뇌가 둔해지고 몸에 피로감이 쌓인다. 밤을 새웠을 때 왠지 더 일을 많이 한 것 같은 기분이 들겠지만, 그저 같은 양의 일을 더 오랜 시간 동안 한 것에 그치지 않는다. 결론적으로 효율성이 떨어지는 것이다. 무엇보다 철야를 했다가는 생활 리듬이 망가지기에 십상이라, 장기적으로 봤을 때는 결코 좋은 점이 없다.

회사에 다니던 시절, 전날 잠을 충분히 못 자면 거의 좀비 같은 상태로 회사에 출근하곤 했다. 잠이 부족하다는 이유만으로 "오늘은 열이 나서…"라는 식으로 꾀병을 부리며 쉬었던 적도 꽤 있었다.

지금의 사회는 잠이 부족하다는 이유로 회사를 쉰다고 했다가는 "그런 이유로 쉬려 하다니" "컨디션 관리 제대로 못 해?"라는 불호령을 듣기 마련이다. 하지만 나는 수면 부족 상태로 일해야 하는 것 자체가 비인도적인 고문 행위와 매일반이라고 생각한다. 그런 만큼 회사원 시절과 비교하면 지금은 매일 아침 억지로 일어나지 않아도 된다는 것만으로도 천국 같다.

잠이 우리에게 꼭 필요한 이유 중 하나는 바로 '꿈을 꾼다'는 점에 있다. 깊은 잠에 들면 꿈을 꿀 때가 많다. 꿈에서는 현실과 다른 세계로 빠져들어 기묘한 체험을 할 수 있다.

내게 꿈은 현실에서 누릴 수 없는 재미있는 놀이다. 아무리 재미있는 책을 읽어도, 흥미로운 영화를 봐도, 오싹한 롤러코스터를 타도 꿈을 꿀 때처럼 현실을 까맣게 잊고 다른 세계에 온전히 몰입할 수는 없다. 꿈은 실로 귀중한 간접 경험이다.

가끔은 괴로운 악몽을 꿀 때도 있지만, 악몽은 악몽대로 꿈에서 깼을 때 '아, 꿈이라서 다행이다'라고 생각하며 안도하게 된다. 익숙한 현재의 일상을 고맙게 여기게 하는 긍정적 효과가 있는 것이다.

단잠을 만끽하는 건 세상에 없는 즐거운 경험을 갖는 것이다. 세상에 그보다 더 잘 만들어진 즐길 거리가 또 있을까. 잘 살고 싶다면 언제나 잠부터 잘 자자.

책임은 나눌수록 가벼워진다

이른바 '직접 하는 게 더 빨라 병'에 걸린 사람을 종종 목격한다. 어떤 일을 할 때 '되도록 다른 사람에게 맡기지 않고 가능한 내 손으로 끝내고 싶다'라는 강박을 지닌 사람들이다.

그런 사람을 보면 '열정이 대단하네' '엄청난 노력가인가'라는 생각은 들지만 그리 따라 하고 싶지는 않다. 오히려 나는 어떤 일이든 되도록 다른 사람에게 맡기고 싶다. 그것이 나의 부담과 피로를 덜어내는 길이다.

'직접 하는 게 더 빨라 병'에 걸리는 이유는 완벽주의자이거나 타인을 잘 믿지 못해서일 듯하다. 하지만 혼자

할 수 있는 일에는 한계가 있다. 완벽하게 해내겠다는 생각으로 세상일들을 혼자 짊어지는 것은, 장기적으로 보면 자신의 몸을 축내고 완성도를 떨어뜨리는 바보 같은 행동이다.

사소한 일들은 혼자서도 해낼 수 있겠지만, 큰일들은 결국 누군가의 도움이 없으면 일구어낼 수 없다. 혼자 일하는 회사보다, 많은 직원이 함께 일하는 회사가 결국 더 큰 결실을 이뤄내는 것만 봐도 그렇다.

적당히 틀을 잡았다면 어느 단계부터는 다른 사람에게 일을 나누어 주도록 하자. 그것이 더 효율적이고 똑똑하게 일을 마무리 짓는 방법이다.

나는 셰어하우스를 만든다거나 오프라인 모임을 여는 것처럼 사람을 모으는 이벤트를 종종 열곤 한다. 그럴 때마다 인원이 어느 정도 찼다 싶으면 나머지는 그 사람들에게 맡기고 나는 발을 뺀다.

무언가를 추진하고 그 일을 지속해 온 사람은 일정 기간이 지나면 체력이 떨어지기 마련이다. '내가 직접 하는 게 낫다'라고 생각하며 일을 붙잡고 있다가 괜히 모두 그르치게 만들지도 모른다. 중간 단계에서 훨씬 에너지 넘치는 사람에게 일을 넘기는 편이 낫다. 혼자 아등바등해 봐야 반드시 한계에 맞닥뜨릴 수밖에 없다. 또한, 전체의 발전을 위해서라도 분담이 중요하다.

또한 처음부터 끝까지 내가 하려다 보면, 객관성을 잃게 된다. 때문에 일이 잘못 돌아가고 있더라도 알아차리기가 힘들다. 한 발 떨어져 지켜보던 사람에게 일을 맡김으로써, 중간 점검을 해보는 것도 좋다.

사람에게는 저마다 자신에게 맞는 일이 있고, 적성에 맞춰서 일을 분담하는 것이 보다 능률적이다. 잘하지 못하는 부분까지 본인이 끝내겠다며 붙잡고 있다가는 일을 함께 하는 모든 사람들에게 오히려 민폐가 된다.

그리고 혼자 모든 걸 감당하지 말아야 하는 가장 중요한 이유는 사실 대부분의 사람들이 누군가가 자신에게 의지해주기를 바라고 있기 때문이다.

어지간히 여유가 없을 때를 제외하고는 누군가가 와서 말을 걸어주거나 의지해주기를 바라기 마련이다. 아마 인간이란 존재 자체가 본질적으로 고독해서일 것이다. 뭔가를 부탁하거나 부탁받게 되면, 그 일을 계기로 커뮤니케이션이 생겨나고 신뢰 관계나 우정이 형성되곤 한다. 딱히 할 일이 없어서 빈둥거리는 사람에게 뭔가를 부탁하면 그 사람도 기뻐할 가능성이 높다. 무엇보다 나로서도 부담을 줄일 수 있으니 다른 사람에게 의지하는 것을 불편해하지 말자.

다만 무턱대고 부탁한다고 해서 상대가 막바로 움직여주지 않을 수 있으니, 누군가에게 부탁할 때는 다음의 핵심 포인트 3가지를 기억하자.

❶ 낮은 자세로 부탁한다

일을 부탁하고 싶을 때는 언제나 정중한 자세를 취하도록 하자. 그래야 상대에게도 나의 부탁을 들어줄 이유가 생기는 것이다.

❷ 도와주면 감사 인사를 한다

'고맙다'는 말을 잊어서는 안 된다. 그 말을 입에 담느냐 담지 않느냐로 인상은 완전히 달라진다. 말하는 데 돈이 드는 것도 아니니 아끼지 말고 고마움을 전하자.

❸ 반대로 내가 뭔가 부탁받을 때는, 최대한 받아들인다

내 부탁을 들어주는 대신, 나도 도울 일이 생기면 상대에게 힘이 되어 주겠다는 태도를 보이자. 실제로 도와줄 수 없는 상황일지라도 그런 분위기 정도는 발산하는 것이 좋다.

나 혼자 모든 일을 해치우는 것보다 다른 사람의 도움을 받을 때 더 폭넓고 다양한 일을 할 수 있으며 인간관계도 확장된다. 정말 일을 잘하는 사람은 솜씨 있게 부탁을 주고받을 줄 안다. 편하게 살아가고 싶다면 우선 '부탁 고수'가 되어보자.

멈추었을 때 비로소 답이 보인다

인생에는 결정해야 할 것들이 너무 많다.

점심 한 끼를 해결하는 문제만 해도 집에서 만들어 먹을지, 외식을 할지, 외식을 한다면 어디서 먹을지, 식당에 들어가면 어느 자리에 앉아야 할지, 메뉴는 뭘 골라야 할지…. 무얼 하나 결정하면, 새로이 결정해야 할 것들이 꼬리를 물고 생겨난다.

이런 작은 일에도 성가심을 느끼는 나이기에 "잠깐만, 생각할 시간을 줘"라는 말을 입버릇처럼 내뱉는다. 매일 매 순간 맞닥뜨리게 되는 선택의 고비에서 고민에 빠져

버리는 것이다. 때때로 별다른 고민 없이 즉시 결단을 내리는 사람을 보면 부러울 때도 있다.

하지만 대체로 결단이 느린 것은 장점이 된다. 결정하기까지의 시간 동안 더 좋은 아이디어나 더 나은 선택이 번뜩하고 떠오를 때가 있기 때문이다.

글을 쓰는 이들은 흔히 '어떤 아이디어를 떠올렸을 때 그것을 즉시 글로 쓰는 것보다 며칠 숙성했다가 써야 비로소 좋은 글이 나온다'라는 말을 한다. 나도 글을 쓰기 시작하면서 그 말이 무척 와닿았다.

아이디어가 숙성되려면 일단 모든 것을 잊고 나중에 재개할 수 있도록 메모를 해두는 것이 좋다.

아이디어 발상법에 있어서 교과서라고 할 수 있는 제임스 W. 영James W. Young의 『아이디어 발전소』라는 책을 보면, 발상이 새로이 떠올랐을 때 다음과 같은 단계로 행동할 것을 제안한다.

제임스 W. 영의 다섯 단계 발상법

❶ 자료를 수집한다

❷ 수집한 자료를 탐독한다

❸ 탐독한 내용을 모조리 잊고 다른 일을 한다

❹ 그러다 보면 문득 아이디어가 떠오른다

❺ 아이디어를 실현할 수 있도록 조정한다

이 책에서는 세 번째 단계, 즉 '모든 것을 잊고 잠시 내버려두는 과정'을 가장 중요하다고 언급한다.

나는 이 시간을 인간의 무의식 속에 사는 '머릿속 난쟁이'가 일하는 시간이라고 생각한다. 여기서 말하는 난쟁이란 그림 동화에 나오는, 구둣방 할아버지가 잠들어 있을 때 찾아와 일을 도와준다는 난쟁이 요정을 뜻한다.

스스로 의식하지 못하는 사이 뇌의 무의식 영역에서는 다양한 정보 처리가 이뤄진다. 뇌에 정보를 입력한 후 잠시 망각하여도 무의식 속 난쟁이가 움직여 자기도 모르는 사이에 생각이 정리되는 것이다.

그렇기에 뭔가 느낌이 확 오지 않을 때는 바로 결정하지 말고 그냥 기다려보는 것이 꽤 효과적이다. 그리고 '무의식 속 난쟁이'가 열심히 생각을 정리하고 정보를 숙성하도록 만들려면, 일단 모든 것을 잊고 나중에 재개할 수 있도록 메모를 해두는 것이 좋다.

메모를 남길 때의 핵심은 반드시 '미래의 나'와 '현재의 나'를 철저히 다른 사람으로 여겨야 한다는 점이다. 아무것도 모르는 타인이 봐도 이해할 수 있도록 정보를 정리해야 한다. 메모를 할 당시에는 '이건 잊어버리지 않겠지'라고 생각하며 요점만 정리하게 되는 경우가 있는데, 다시 메모를 들여다볼 땐 생각보다 많은 것들을 망각하게 된다. 따라서 메모를 할 때마다 의식적으로 아주 세부적인 사항까지 기록을 해두는 것이 좋다.

무엇보다 평소 그런 식으로 메모하는 습관을 기르면, 떠올린 아이디어에 대한 이해도 깊어지고 표현력과 전달력도 한층 좋아지게 된다.

아이디어가 기발해질 수 있다는 것 외에도 결단이 느린 사람의 장점은 또 있다. 결단이 빠른 사람보다 느린 사람이 더 포용력이 넓다는 연구 결과가 있다. 우유부단하여 자주 망설이는 성격은 '나도 틀릴 수 있다'라는 겸허한 마음에서 비롯되기 때문이다. 그런 관용이 있어야 인간관계가 원만하게 이어질 수 있다.

결국 뭐든 빨리 결정하는 게 좋다고 단언할 수는 없다. 잠시 망설이는 단계가 있어야 일도 더 잘 풀릴 수 있다는 사실을 명심해야 한다. 무리해서 일찍 결정하려 조급해하지 말고 나만의 속도로 고뇌하여 나만의 결정을 내리자.

나를 잃어가며 해내야 할 일은 없다

"일이란 원래 힘들고 괴로운 것이다. 그러나 그런 걸 꾹 참고 열심히 해야 성과를 남길 수 있다"라는 식의 말을 하는 사람과 가끔 마주치곤 하는데, 나로서는 그처럼 괴상망측한 소리가 또 있나 싶다.

인생은 그런 마조히즘 게임이 아니다. 대체로 그런 말을 하는 사람은 '괴로움을 참으며 뭔가를 열심히 한다는 느낌'을 좋아하는 사람일 뿐이다. 그건 그저 일종의 '취향'이다. 그런 사람이 자신의 취향에 따라 고통과 맞먹는 노력을 하겠다는 것은 딱히 문제가 되지 않는다.

문제는 이 사회가 평범한 사람에게도 그런 태도를 권장하고 있다는 것이다. 사실은 권장을 넘어 강요하는 분위기가 조성되었다. 그렇게 되면 나 같은 사람은 '괴로워도 다들 이렇게 사니까, 열심히 해야 해'라는 생각으로 스스로를 불행의 나락으로 떨어뜨리게 된다.

한 분야에서 성공을 거둔 인물들은 대체로 자신의 적성을 찾아서 그에 맞는 일을 꾸준하게 이어나간 사람이다. '단순반복적인 일'이 적성에 맞는 사람도 있고, '창의적인 일'에 적성이 맞는 사람도 있다. '하기 싫은 일이라도 꾹 참고 열심히 하는' 사람은 그저 그렇게 행동하는 것이 적성에 맞는 사람일 뿐이다.

내가 회사를 관둔 것도 무엇보다 '적성에 맞지 않았다'라는 게 가장 큰 이유였다. 회사원 시절 나는 매일 비슷한 옷차림의 이들과 한 공간에서 오랜 시간을 보내야 하는 하루하루가 너무나 고통스러웠다. 그런데 회사에는 그런 매일을 고통으로 받아들이지 않는 사람들이 의외로 많아 보였다. 매일 아침 같은 시간에 일어나는 일도, 가만히 앉아 컴퓨터로 일을 보는 일도 다들 척척 해내고 있었다. 그들을 보고 있자니 어느날 이런 생각이 들었다.

'저들과 경쟁해봐야 백전백패일 뿐이다. 나를 잃어가면서까지 이 일을 해내야 할 필요는 없지 않을까?'

애초에 '노력할수록 잘될 것이다'라는 말은 진리가 아니다. 인생은 타이밍에 따라 좌우되는 경우가 많아서, 잘 풀리지 않을 때는 무슨 수를 써도 안 되고, 잘 풀릴 때는 별로 힘을 들이지도 않았는데 척척 잘 풀린다. 그러니 '성공을 위해 고생한 만큼 결과가 따라올 거야'라는 생각은 애초에 버리는 것이 낫다.

그것보다는 자신이 버틸 수 있는 수준에서 즐기면서 일을 해야 한다. 그러다 보면 타이밍에 따라 일이 술술 풀리는 때도 오기 마련이다.

물론 인생에서는 필히 하기 싫은 일을 열심히 해야 하는 상황도 온다. 그럴 때는 어쩔 수 없이 할 수밖에 없다. 하지만 '이렇게 열심히 하니까 반드시 보상이 따라와 줘야 한다'라는 생각을 해서는 안 된다.

열심히 하는 것과 보상은 다른 문제다. 그런 힘든 상황도 타이밍의 문제에 지나지 않는다. 힘들 때는 '늘 편한 일만 할 수는 없지. 인생은 원래 그런 거야'라고 여기며 가벼이 넘겨 버리자. 그러다 보면 반드시 풍향이 바뀌어 조금 선선해지고 편안해지는 순간이 찾아 온다.

어떤 분야든 오랫동안 살아남는 사람은 '자신이 싫어하지 않는 일을 자신이 소화해 낼 수 있는 속도로 하는 사람'이다. 요즘은 나처럼 글이나 음악, 그림 등 자신이 좋아하는 일을 인터넷에 올리며 활동하는 사람이 늘어나고 있다. 자신이 좋아하는 일을 억지 부리지 않고 자신에게 맞는 속도로 작업하여 인터넷에 올려놓으면 네티즌들 사이에서 재미있다고 입소문이 나고 화제에 오르게 된다.

자기가 좋아하는 일을 꾸준히 하다 보면 자기도 모르는 사이에 그것은 어딘가로 이어진다. 마음 가는 대로 글을 쓰다 보니 출판사 등지에서 '당신이 작업한 걸 상업적으로 내보지 않겠습니까'하고 제안이 오고 데뷔에까지 이르는 것처럼 말이다.

흥미 없는 일이나 하기 싫은 일을 굳이 억지로 할 필요는 없다. 되도록 재미를 느끼는 일만 하기에도 인생은 짧다. 마음이 건강하고 여유로운 상태라면 자연히 다양하고 새로운 일에 흥미가 동하기 마련이고, 그럴 때 비로소 자신에게 필요한 일이 재미있게 느껴질 것이다.

만약 세상만사가 어느 것 하나 재미있게 느껴지지 않을 때는 정신과 육체가 피로하다는 뜻이니 차라리 과감하게 쉬어보도록 하자.

몰아서 쉬는 건 안 쉬는 것만 못하다

주말이 휴일인 회사원 생활을 하다 보면 평일 낮에 내가 사는 동네가 어떤 분위기인지 잘 알지 못한다. 그것은 세계를 절반밖에 모르는 것이나 다름이 없다고 생각한다. 가끔 휴가를 쓰든지 해서 느긋한 평일 낮의 세계를 한번 누려보도록 하자.

내가 회사를 그만두고 다행이라 생각하는 것 중 하나가 바로 평일 낮을 만끽할 수 있다는 점이다. 나는 특히 사람이 많은 곳에 약한데, 주말은 어디를 가든 사람이 많아서 좀처럼 마음이 안정되지 않는다. 괜한 불안감이 엄습한달까.

따라서 유명 맛집이나 대형 마트 등 주말에 사람이 붐비기 쉬운 곳은 반드시 평일에 간다. 그런 곳을 주말에 갔다가는 인파 때문에 스트레스가 쌓이기 십상이다. 기분 전환을 하러 갔다가 괜히 더 예민해진 상태로 돌아오게 된다. 주말에는 차라리 집에서 고요한 휴식을 취하는 것이 더 나은 선택이다.

그러나 대부분의 직장인들은 단 이틀밖에 되지 않는 주말을 최대한 알차게 보내고 싶어 한다. 피곤한 몸을 이끌고 친구를 만나 번화가에 가거나, 무리해서 문화생활을 즐기려 애쓰기도 한다. 하지만 그렇게 몰아 쉬는 것은 안 쉬느니만 못한 일이다. 뭔가 활동적인 일을 하고 싶다면 차라리 평일에 휴가를 내어 다녀 오는 것을 추천한다.

명절에 맞춰 해외 여행을 떠나는 사람들도 자주 목격한다. 하지만 그 여행을 통해 정말 몸과 마음을 '힐링'하고 왔다는 사람은 잘 보지 못했다. 직장인들이 여행을 떠날 수 있는 기간은 대부분 성수기다. 성수기에는 숙박비와 교통비가 폭등해 효율적으로 여행을 하기가 힘들다. 또한 어딜 가든 사람이 많아 에너지도 빠르게 고갈 난다.

몸과 마음이 충분히 쉬어야 할 시간에 오히려 병만 더 얻게 되는 경우가 많다.

왜 이런 현상이 일어나게 된 것일까?

이 사회가 하나같이 같은 날짜에 일하고 같은 날짜에 쉬는 것에 너무 집착하기 때문이다. 시스템 상 사람들의 행동은 편중될 수밖에 없다. 출퇴근 시간대 만원 전철은 숨 쉴 수도 없을 만큼 갑갑하고, 황금연휴의 정체된 고속도로와 혼잡한 유원지는 끔찍한 지경이다. 그럴 바엔 날짜를 바꿔가며 쉰다면 모두가 편해지지 않을까 싶다.

내가 아는 한 회사에서는 일주일 중 5일을 일하되 쉬는 이틀은 개인이 선택하도록 했다. 토요일과 일요일을 쉬어도 되고, 수요일과 금요일을 쉬어도 괜찮은 것이다.

개인적으로는 이런 시스템이 더 많아졌으면 한다. 쉬는 날을 직접 선택한다는 것은 유동적으로 나의 스케줄을 조절하며 내가 가진 시간에 주도권을 갖는 것이다. 일주일에 단 이틀밖에 안 되는 휴가인 만큼 모두 붐비지 않는 느긋한 하루를 보냈으면 한다.

현대 사회에서 '일'과 '출근'은 동일한 개념이 아니다. 인터넷이 발달해서 지금은 재택근무로 소화할 수 있는 일도 늘었다. 그런데도 휴일을 반드시 주말로 지정해 놓은 것은 '다른 사람들과 같은 시간에 사무실 자리를 지키고 앉아 있지 않으면 한 사람 몫을 한다고 인정받지 못한다'와 같은 고리타분한 발상이 밑바탕에 깔려 있는 게 아닐까.

그러나 모두가 동일한 날에 출근해야 돌아가는 시스템은 허점이 너무 많다. 몸이 안 좋다든가 일이 생겼다든가 해서 쉬는 날을 잡고 싶어도 나의 빈틈을 누군가 채워야 한다는 미안함에 망설이게 되는 경우가 허다하다.

모두가 출근해야 정상적으로 돌아가는 조직보다 한두 명이 쉬어도 문제없이 남은 사람들로 움직이는 조직이 우수하다. 그런 조직을 만들려면 평소 모두가 부담 없이 휴가를 써서 평일에 쉴 수 있는 환경을 조성해야 한다.

'저 사람은 늘 쉬지 않고 일하네'라는 인상이 박혀버리면 그 사람은 쉬지 않는다는 전제하에 일의 일정을 세우기 때문에, 어쩔 수 없는 상황으로 인해 그 사람이 쉬기라도 하면 엄청난 혼란을 초래하게 된다. 업무적으로도 낭패를 볼뿐더러, 정당하게 휴식을 취하는 것임에도 무언가 잘못을 저지른 것 같은 분위기가 조성되는 것이다.

하지만 '저 사람은 종종 쉬지'라고 사람들이 인식하게 된다면, 그가 쉬어도 어떻게든 일이 돌아가도록 대비하기에 전체적으로 모두가 휴가를 잡기 쉬워진다.

진심으로 주변 이들에게 부담을 안겨 주고 싶지 않다면, 또 나를 지키며 일을 해나가고 싶다면, 내가 언제 사고를 당해 회사를 못 나가게 돼도 일이 돌아가도록 평소에도 가끔 휴가를 쓰도록 하자.

인생을 바꾸려면 환경부터 바꿔라

가끔은 멀리 떨어진 곳으로 이동해 다른 환경에서 생활해 보는 게 좋다.

어느 날 경영 컨설턴트인 오마에 겐이치大前研一의 다음과 같은 말을 보게 되었다.

> 인간이 바뀌는 방법은 세 가지밖에 없다.
>
> 첫째, 시간 배분을 바꾼다.
>
> 둘째, 사는 곳을 바꾼다.
>
> 셋째, 교류하는 사람을 바꾼다.

인간은 이 세 가지 요소로만 바뀔 수 있다. 가장 무의미한 게 바로 '결의를 새롭게 다진다'라는 것이다. 인간의 생각과 행동은 자기도 모르는 사이에 환경의 영향을 받기 마련이다. 자신이 살아가는 집과 동네 환경, 어울리는 사람들이 자신에게 영향을 미치며 어느샌가 사고와 발상에 울타리를 만들게 된다.

그러니 벽에 부딪혔거나 뭔가를 바꾸고 싶다는 마음이 들었을 때 '정신을 가다듬고 열심히 해보자!'라며 애써 자신을 다잡는 것보다는 차라리 주변 환경을 바꾸는 편이 훨씬 효과적이다. 사실 가장 좋은 것은 이사나 이직 등을 통해 과감하게 모든 것을 털어버리고 대대적으로 환경을 바꾸는 것이다. 그러나 그 정도로 모든 것을 바꾸는 일은 매번 실행에 옮기기 쉽지 않은 노릇이다.

그럴 땐 일단 여행을 떠나서 잠깐이나마 자신의 환경을 바꿔보는 것부터 시작해 보자. 다른 건 못해도 색다른 방식으로 여행을 다녀오는 것 정도는 충분히 시도해 볼 만하다.

나는 일상이 막막할 때면 아무것도 정하지 않고 훌쩍

여행을 떠나곤 한다. 여행을 떠나기로 마음먹은 당일에 전철이나 고속버스를 적당히 골라 탄 뒤 가는 도중 스마트폰으로 숙소를 찾아 저렴한 비즈니스호텔 같은 곳에 대충 묵는 것이다.

특별히 명승지를 가거나 비싼 쇼핑을 하는 것도 아니지만 기차의 흔들림에 몸을 맡긴 채 차창 밖으로 흐르는 풍경을 멍하니 바라보다 보면 어딘가 막혔던 것이 풀리는 기분이 든다. 평소와 다른 음식을 먹고, 평소와 다른 침대에서 잠을 자는 경험을 더하면 삶의 채도가 조금 밝아지는 듯하다.

또한 여행을 가면 내 평소 생활을 조금 객관적으로 되짚어 볼 수도 있다.

'생각해 보니 매일 직장 동료한테 불쾌한 말을 듣는데 참고 있는 건 이상해. 다음에 만나면 확실하게 말해두자'라든지 '요즘 습관적으로 정크푸드만 먹고 있구나. 식습관을 고쳐야겠다'처럼 평소에는 어렴풋이 느끼거나 의식하지 못했던 것들이 명확하게 상이 잡히며 정리가 된다.

사람은 무언가를 떠올릴 때 '그때 내가 어디에 있었나' 같은 지리적인 조건에 상당히 좌우된다.

평소 도쿄에 있으면 도쿄가 모든 것의 중심인 것처럼 느껴지지만, 지방에 내려가면 사람들이 도쿄와 같은 대도시는 조금도 의식하지 않고 그 지역의 생활 방식대로 살아간다는 것을 알게 된다. 외국에 나가면 일본에서 당연시했던 관습이 그저 그 안에서만 통용되는 사항일 뿐이라는 것을 통감하기도 한다.

이처럼 도시에 있다가 시골에 가면 도시를 객관적으로 바라볼 수 있고, 시골에서 도시로 나가면 시골을 조금 다른 시각으로 바라볼 수 있다.

사상가 아즈마 히로키東浩紀는 『약한 연결 : 검색어를 찾는 여행』이라는 책에서 이렇게 말했다.

> "지금은 인터넷에서 검색만 하면 뭐든 알 수 있는 세상이지만, 경험하기 위해 직접 가보는 일은 여전히 중요하다"

확실히 검색하기만 하면 무엇이든 알 수 있는 세상이 되었지만, '내가 무엇을 알고 싶은가'와 같은 추상적인 내용을 찾기 위해서는 인터넷을 뒤지는 것만으로 충분하지 않다. 무엇보다 컴퓨터를 통해 얻는 가상 체험만으로는 실제의 경험을 대체하기 어렵다. 몸이 직접 변화를 느끼도록 해주는 여행은 어쨌든 중요하다.

실제 장소에 가서 발로 뛰며 경험하고, 현실감 있는 체험을 얻어야 한다. 그러니 한곳에만 머무르지 말고 여행이나 나들이를 통해 다른 곳으로도 이동해보자.

2장

남이 보는 시선에 나를 가두지 마라

내 탓도, 남 탓도 하지 마라

현대사회는 어떤 문제를 일으키거나 요령이 부족한 사람을 향해 "다 네 책임이다!" "정신 똑바로 차리고 살았다면 일어나지 않았을 일이다"라는 식으로 질책하는 목소리가 크다.

분명 본인에게도 책임이 있을지 모르겠지만, 살다 보면 개인의 힘으로는 어쩔 수 없는 일이 많다. 현재 일이 잘 풀리지 않는 사람도 그렇게 되고 싶어서 그렇게 된 건 아니다. 타고난 환경으로 인해, 혹은 피할 수 없었던 돌발적인 사고로 인해 어쩔 수 없이 그렇게 됐을 뿐이다.

그런 만큼 개인에게 책임을 돌릴 것이 아니라 "너의 잘

못으로 그렇게 된 게 아니야. 어쩔 수 없는 일이었어. 많이 힘들었지?"라고 위로해 주는 편이 훨씬 현명하다.

사회학에서는 인간의 특정 행동을 사회적 영향의 측면에서 설명할 때가 많다.

예를 들어 '경기의 회복과 자살률과의 연관성'이라든가 '부유한 집에서 태어난 아이가 좋은 학교에 진학하여 높은 수입을 취할 확률'과 같은 연구를 수행하는 것이다. 물론 인간은 저마다 달라서 사회의 영향만으로 그 사람의 인생 전부를 설명할 수는 없다. 하지만 통계적으로 '이런 환경에 놓인 사람이 이렇게 될 확률이 높다'라는 데이터는 획득할 수 있다.

이렇게 '인간은 환경에 의해 규정되는 존재'라는 시각을 갖고 세상을 바라보면, 어떤 일의 성공이나 실패를 한 개인의 책임으로 돌릴 수는 없게 된다. 세상에는 개인의 노력으로 바꿀 수 없는 일이 너무나도 많기 때문이다.

인간은 누구나 갑자기 예기치 못한 사고, 재난, 질병 등으로 인해 삶이 나락으로 치달을 가능성이 있다. 지금 별다른 문제 없이 행복한 일상을 영위하는 사람일지라도 사실 '지금까지는 운이 좋았을 뿐'일지도 모른다.

물론 '모든 게 다 환경 탓이다'라며 모든 책임을 사회로 돌릴 수는 없다. 그렇게 되면 한 인간의 발전을 담보할 수 없기 때문이다. 개인의 노력으로 어느 정도 성취할 수 있는 일은 분명히 있다. '모든 게 다 사회탓이다'라고 생각하면 열심히 하고 싶던 일도 괜히 의욕을 잃게 된다.

결국 모든 것은 100퍼센트 내 탓도 아니며 100퍼센트 사회 탓도 아니다. 내 책임은 50퍼센트, 그리고 나로서는 어떻게 할 수 없는 일이 50퍼센트이다. 그렇게 생각하는 것이 자신에게 너무 무르지도 엄격하지도 않은 적당한 수준의 균형이 아닐까.

알코올 중독 환자 치유 모임에 가면 '니부어의 기도'라는 글귀를 볼 수 있다.

> 신이여, 저에게 주시옵소서.
> 바꿀 수 있는 것들을 바꿀 용기를.
> 바꿀 수 없는 것들은 받아들일 평온을,
> 그리고 바꿀 수 있는 것과 바꿀 수 없는 것을
> 구분할 수 있는 지혜를.
> 라인홀드 니부어Reinhold Niebuhr

알코올 의존증이라는 중독은 한 번 걸리면 좀처럼 헤어나기 어렵지만, 스스로 바꿀 수 있는 부분을 어떻게든 찾는다면, 그리고 바꾸려는 의지를 지닌다면 승산이 있다. 무엇을 바꿀 수 있고 바꿀 수 없는지를 구분하기가 무엇보다 어렵지만 말이다.

'모두 내 힘으로 바꿔야 한다. 나에게 모든 책임이 있다'라고 생각하며 살아간다면 인생이 너무 가혹하게 느껴진다. 인생에는 자신의 힘으로 어쩔 도리가 없는, 자신의 책임이 아닌 부분이 많다. 이렇게 인식하는 것만으로도 삶에 조금이나마 여유가 생기고 다른 사람에게도 너그러워진다.

어차피 온전히 내 탓인 것은 세상에 없다. 이번 장에서는 책임을 필요 이상으로 짊어지지 않기 위한 태도, 그리고 다른 사람에게도 관용을 베풀 수 있도록 '내 탓으로 하지 않는다'라는 관점에 대해 생각해보자.

타인은 결코 바꿀 수 없다

'인간이 하는 말은 결국 모두 '포지션 토크'에 지나지 않는 것이 아닐까?' 하는 생각이 종종 든다.

여기서 '포지션 토크'란 금융시장 등에서 자신의 위치에 유리한 정보를 퍼뜨리는 행위를 가리키는 용어다. 인터넷상에서는 익명의 입장에서 자신에게 유리하게 특정 사안에 대해 칭찬하거나 비난하는 행위를 모두 통칭한다. 인간은 어떤 환경에서 태어나고 자랐는지, 현재 어떤 위치에 있는지에 따라 보이는 것이 완전히 달라진다. 그리고 보이는 것이 달라지면 자연스레 생각도 달라진다.

세상만사는 '어떤 위치에서 보는가'라는 시선의 위치에 따라 둥글게도 모나게도 보이는 것이다.

이 세상에는 수많은 토론과 언쟁이 일어나지만, 각자의 위치에서 각자의 옳고 그름이 있을 뿐이다. 누군가 100퍼센트 옳거나 100퍼센트 틀린 일이란 실상 존재하지 않는다. 그 사람이 처한 상황, 그 사람이 지금까지 살아오면서 겪은 경험, 그 사람의 인간관계, 그의 성격과 버릇 등 다양한 요소를 기반으로 어떤 의견을 지지할지가 달라질 뿐이다.

'포지션 토크'라고 하면 일반적으로 '편파적이다' '이기적이다' 같은 이미지를 주지만, 결국 인간은 자기 위치를 기준으로 뭔가를 떠올릴 수밖에 없으므로 포지션 토크를 긍정적으로 받아들이는 태도 변화가 필요하다. 그것은 다른 이의 존재를 긍정하는 태도와도 이어진다.

세상에는 다양한 사람들이 있으며 각자의 위치에서만 보이는 것들이 있다. 지구상에 이토록 많은 사람들이 존재하는 이유는 다양한 위치에서 다양한 생각을 하는 이들이 서로의 의견을 교환하기 위해서가 아닐까.

내게 보이는 것들이 다른 사람의 눈에 보이지 않을 수 있고, 내게 안 보이는 것들이 다른 사람의 눈엔 선명히 보일 수 있다. 서로 다른 위치에서 각자의 세계를 바라보고, 서로 다른 의견을 공유하는 과정에서 영향을 주고받아 다양한 것들이 생겨나고 변화한다. 이것이 우리가 사는 이 세상의 재미있는 일면이다. 모두가 나와 똑같은 모습에, 똑같은 생각을 가진 세상을 상상하면 정말 오싹하기 그지없다.

그저, 서로 다른 입장들 사이에서 두 가지 중 하나를 선택해야 한다는 관념을 버리면 된다. '각자 옳은 부분도 있고, 틀린 부분도 있다' '모두가 서로 다른 사정을 가지고 열심히 살아간다'라는 포용력과 상상력을 갖고 있으면 나와 의견이 다른 사람이나 하기 싫은 일에 조금은 너그러워질 수 있다.

'이쪽이 옳다, 저쪽은 틀렸다'라고 단순하게 결론 내리는 쪽이 편한 건 사실이다. '내 의견이 틀렸을 수도 있다'와 같은 성가신 고민을 하지 않아도 되기 때문이다. 그러나 그 편한 길은 자신과 다른 것을 쉽게 포기하는 것이기에, 빈곤한 미래로 이어지는 지름길이다. 풍요로운 미래를 그런다면 갈림길에서 한참 망설이다가 어느 쪽에 치우치지 않은 중간 길을 개척하는 끈기가 필요하다.

어떤 일로 대립이 생겼을 때는 '내 의견이 절대적으로 옳다'라거나 '그쪽은 아무것도 모르는 멍청이다'라는 식으로 자신과 생각이 다른 상대를 전면으로 부정하지 말고, 상대도 나름의 논리와 사정이 있을 것이라 생각하는 편이 낫다. 그리고 어떻게든 맞춰나갈 수 있는 부분을 찾아보자. 타자에게 관용을 가져야 내 삶도 편해진다.

노력이 아니라 운이 부족했던 것이다

나는 내가 무언가를 해내거나 누군가를 이겼을 때 그다지 뿌듯한 마음은 들지 않는다. 누군가로부터 칭찬을 받아도 기쁘다는 마음보다는 '우연히 그렇게 됐을 뿐'이라는 생각만 든다. 아니, 오히려 미안함과 불편함을 느낄 때가 많다.

앞서 이야기하였듯 성공과 실패는 전적으로 내 몫이 아니다. 이 세상에는 열심히 하기만 하면 풀리는 그런 단순한 일은 많지 않다. 동일하게 열심히 하는 두 사람일지라도 한쪽은 일이 잘 풀리고 다른 한쪽은 풀리지 않는 경우를 우리는 비일비재하게 본다.

결국 성공이란 운과 타이밍으로 정해지는 것이다. 부잣집에서 태어난 사람은 부유한 환경에서 성장하여 보다 유리한 조건 속에서 사회에 진입할 수 있다. 대도시에서 태어난 사람이 시골에서 태어난 사람에 비해 진학과 취직에 유리한 것 또한 부인할 수 없는 사실이다. 이렇듯 인간의 삶에는 스스로 결정할 수 없는 것들이 많다.

'타고난 환경에 책임을 돌리는 건 핑계에 불과하다. 아무리 좋은 환경에 태어났어도 노력하지 않으면 아무것도 할 수 없다'라고 말하는 사람들도 있다. 물론 그 생각이 틀린 것은 아니다.

그러나 정의와 평등에 대해 깊이 연구한 학자 존 롤스John Rawls는 "'노력'조차 혜택받은 가정환경의 산물이다"라는 말을 남겼다. 노력을 할 수 있냐 없냐는 더욱이 환경의 영향을 받는다. 노력으로 문제를 극복하는 경험을 쌓고, 그로 인해 강한 의지를 갖는 것조차 타고난 유전자와 집안의 경제력, 성장 과정에서 부모의 역할과 같은 요소에 영향을 받은 재능이다.

'열악한 환경에서 태어났어도 치열한 노력을 통해 어

떻게든 길을 개척해 낸 사람이 없는 것은 아니다. 그런 위인을 보고 배워야 한다'라고 주장하는 사람도 있다. 어렵고 빈곤한 환경을 딛고 성공한 이야기'는 극적인 요소가 있기에 구전으로 전해지기도 쉽다. 그런 성공 사례 자체를 지적할 의도는 없다.

하지만 실현 가능성이 매우 희박한 '우연히 잘 풀린 소수의 성공 사례'를 일반화해서는 안 된다고 생각한다. 그것은 '극도의 일반화'에 해당하기 때문이다.

우연히 잘 풀린 사람이 있다고 한들, 대부분의 사람들이 불리한 환경을 노력만으로 극복하기란 쉽지 않은 노릇이다. 성공한 몇몇 사례를 확대, 재생산하여 "이렇게 어려운 여건 속에서도 성공한 사람이 있지 않느냐, 지금 너의 문제는 모두 네 책임이다"라는 식으로 몰아붙이는 건 매우 인간적이지 못한 것이고 비합리적인 일이다. 큰 노력이 따랐다 해도, 애초에 상황이 불리하다면 성공하는 것은 바늘구멍을 지나는 일과 같다.

그렇다면 왜 이 사회는 '노력을 통해 어렵고 힘든 환경을 극복하여 성공한 사람의 이야기'를 좋아하는 걸까.

첫 번째로는 앞서 말했듯 이야기에 극적인 요소가 있기 때문이다. 사람들은 언제나 드라마틱한 서사를 좋아한다. 하지만 그 이면에는 다른 의도가 있다고 생각한다.

'성공은 우연이 아니라 노력으로 거머쥐는 것이다' '성공하지 못하는 건 그 사람의 노력이 부족해서다'라고 말하고 싶어서 그런 것이다. 성공한 사람들은 '운과 환경의 도움으로 성공을 거두었다'는 사실을 인정하고 싶지 않아 한다. 그저 자신의 노력만이 그 성공을 낳았다고 믿고자 하는 마음이 기저에 깔려 있다.

성공에 운과 환경이 작용했다는 사실은 그 자체로 그들에게 불편한 진실이다. 더불어 이 사회가 소수의 성공 신화를 널리 홍보하는 것은 불만의 목소리를 잠재우기 위함도 있다. 운과 환경으로 다른 결과를 내게 된 것이 전면에 드러난다면 그 불평등에 불만을 갖는 사람들이 등장하게 될 것이기 때문이다.

그러니 성공했을 때나 실패했을 때나 '내 책임은 50퍼센트다'라고 생각하는 것이 자연스럽고 설득력 있는 방식이다. 그리고 성공을 거두었을 때 스스로 잘났다며 으스

대는 것보다 "어쩌다 보니 우연히…"라며 말끝을 흐리는 편이 '겸손한 사람이다'라는 평가를 들으며 타인의 호감을 사기도 쉽다.

성공했을 때는 우연히 운이 좋아 잘 풀렸으니 감사하면 된다. 반대로 실패했을 때는 운이 나빠 그렇게 된 것뿐이니 어쩔 수 없다고 생각하자.

보통의 방식에 나를 끼워 넣지 마라

나는 회사에 다닐 때보다 무직이 된 후 친구가 더 많아졌다. 이유는 단순하다, 바로 체력과 기력에 여유가 생겼기 때문이다. 앞에서도 말했지만 나는 다른 사람들보다 훨씬 빠르게 에너지가 소모되는 편이다.

회사원일 때는 별일 아닌 것에도 금세 지치곤 했다. 출퇴근을 하면서 모든 체력과 정신력을 소비하는 느낌이었다. 평일 밤에는 아무것도 하고 싶지 않아 집에 축 늘어져 있었고, 주말에는 밀린 집안일을 가까스로 해치우고 나면 완전히 뻗어 버려서 누군가를 만날 여유가 없었다.

회사 내에는 마음을 털어놓을 사람이 없었고, 회사 밖에선 다른 사람을 만날 기회가 없었다. 내 의지와 상관없이 고독한 하루하루를 보낼 수밖에 없었다. 회사에서 고단한 일과를 보내고도 평일 저녁에 운동을 하거나, 주말에 취미 생활을 즐기는 에너지 넘치는 사람들도 있다. 그런 사람들에게는 바쁜 하루가 오히려 알차고 풍요롭게 느껴질지도 모른다. 하지만 나는 그렇지 않았다. 바쁘면 바쁠수록 일상이 피폐해져 가는 것만 같았다. 그런 이유로 마음의 병이 커져 회사를 계속 다닐 수는 없었다.

일을 관두고 나서 가장 두려웠던 건 사회와 접점이 사라져 버리는 고립된 상황이었다. 그래서 시간과 체력에 여유가 생긴 만큼 그동안 못 만났던 사람들을 만나려고 최선을 다했다. 회사를 관두고 도쿄에 상경한 이유도 인터넷으로 알게 된 이들이 도쿄에 많이 살기 때문이었다. 매일 남는 시간을 활용해 인터넷에 접속하여 블로그에 글을 기록하고 X(트위터)에서 잡담을 나누다 보니 자연스럽게 친구가 늘어났다.

인터넷에서는 취미와 취향이 맞는 사람을 어렵지 않게 만날 수 있었다. 그러다 문득 사람들이 모일 만한 장소를 만들어 보자는 생각이 들어 셰어하우스를 시작하기도 했다. 낯을 많이 가리는 편임에도 오프라인 모임에 자주 얼굴을 내비쳤다.

내가 만들고 참석한 모임에는 나와 비슷한 사람들이 많았다. 흔히 알고 있는 '보통의 삶'이란 범위에서 벗어난 이들이다. 사회를 이루고 있는 다수의 사람은 가족을 꾸리고, 직장생활을 통해 생계를 건사하며 살아간다.

하지만 내가 회사를 다니는 것에 어려움을 겪었듯이, 그런 다수파의 생활방식이 잘 안 맞는 사람들이 있다. 그리고 그런 사람들은 사회에서 여러모로 불리하다. 붙임성이 없어 단체 생활에 난항을 겪기도 하고, 적응력이 약해 조직에서 겉돌게 되는 경우도 있다. 그렇기에 그런 이들이야말로 같은 공간을 공유하고 네트워크를 형성하는 게 중요하다.

어딘가 부족한 점이 있는 사람들이라도 한데 뭉치게 된다면 서로 보완할 수 있는 부분이 있다. 예를 들어 일자리가 없는 이들에게는 생계를 유지할 수 있는 아르바이트 자리를 구해준다든가, 물건을 싸게 사는 방법을 공유한다든가, 저렴한 밥집을 추천해 주는 등 사소하게나마 서로를 돕게 되는 것이다. 무엇보다 서로의 고충을 누구보다 잘 알고 있기 때문에 실망하거나 다툴 일이 적다.

사업이 잘못되어 큰 빚을 진 채, 쫓기듯이 귀향했던 지인이 있었다. 고향으로 돌아가 마음을 재정비할 수 있었다면 좋았겠지만, 돌아오는 건 부모님의 질책뿐이었다. 자신이 실패했다는 사실도 받아들이기 힘든 상황에서, 가족들의 원망 어린 시선을 받아내기란 쉬운 일이 아니었다. 조금은 오지랖처럼 보일지도 모르겠으나, 당시 나는 그를 도와야겠다는 생각이 들었고 한동안 우리집에서 생활할 수 있도록 그를 불러왔다.

어떻게 하면 다시금 일을 시작할 수 있을지 서로 머리를 싸매가며 고민을 하던 어느날, 다른 지인으로부터 연락을 받게 되었다. 아르바이트생을 모집 중이라는 소식이었다. 나는 곧바로 그를 소개했고 그는 그곳에 취직할 수 있었다. 빠르게 적응해 최근 정직원이 되었다고 한다. 물론, 이건 우연히 잘 풀린 사례일 뿐이다.

근본적으로 인간이 타인을 구원하기는 어렵다. 각자가 품은 고민과 문제는 결국 그 사람 스스로 해결할 수밖에 없는 경우가 많기 때문이다. 하지만 대단한 도움을 주지 않더라도 가벼운 잡담을 나누거나 함께 밥을 먹을 사람이 있다는 것만으로도 의지가 된다. 삶의 침체기를 겪고 있는 사람은 고립되기 쉽고, 고립되다 보면 점점 상황은 악화된다.

힘든 일에 부닥쳤을 때 애써 이겨내려 악을 쓰는 것보다는 나를 이해해주는 사람들에게 의지를 해보는 것도 한 방법이다.

내가 본가에서 살던 무렵, 그리고 회사원이던 시절 심한 고독과 무력감을 느꼈던 이유는 주변에 나와 비슷해 보이는 구제 불능을 찾아볼 수 없었기 때문이다. 주변 사람들은 모두 무난하게 사회에 적응했다. 학교나 회사에서 내가 느꼈던 위화감을 그들은 느끼지 못하는 것처럼 보였다. 결국 내가 진실한 인간관계를 맺을 수 있게 된 것은 인터넷과 도시 덕분이었다. 인터넷과 도시에서는 다양한 소수자들이 각각의 커뮤니티를 형성하며 살아가고 있다. 내가 계속 지방에 살면서 인터넷도 하지 않았다면, 나의 독특한 취향과 취미를 공유하고 대화를 나눌 친구를 찾기가 무척이나 어려웠을 것이다.

다수파의 감각을 지닌 사람은 일상에서 친구가 될 사람을 찾기가 그리 어렵지 않을지도 모른다. 그러나 소수파의 감각을 지닌 사람은 자신과 말이 통하는 사람을 만나려면 다수파의 감각을 지닌 사람과는 달리 다양한 경로를 이용해야 한다. 다수파의 삶의 방식에 적응하지 못한 사람은 가족 안에서, 회사 안에서, 그리고 사회 안에서 살아가는 데 여러모로 불리하다.

이 사회의 구조와 규칙의 대다수는 다수파를 위해 만들어졌기 때문이다. 하지만 이런 소수파의 일원일지라도 서로 모여 있으면, 부족한 부분을 채워줄 수 있다. 만약 당신이 스스로 '나도 소수파에 속하는 것 같아'라는 생각이 든다면, 나와 마음이 맞는 사람을 적극적으로 찾아 연결될 수 있도록 노력하자.

스쳐 갈 사람들에게 목 매지 않는다

이제는 인터넷과 SNS의 발달로 과거보다 인간관계를 맺기가 훨씬 쉬워졌다.

10년쯤 전만 해도 '인터넷은 정말 대단해! 친구를 많이 만들자!'라며 무작정 들떠 있던 시절도 있었다. 하지만 요즘은 무턱대고 인간관계를 넓히는 게 좋지만은 않다는 것을 깨달았다. 오히려 지금은 어느 정도 선에서 인간관계를 제한해야 할지를 고민해야 하는 시대가 되었다.

애초에 불특정 다수의 사람들과 관계를 맺고 그들에게 개인적인 정보를 공개하는 일은 단점이 많다.

X(트위터)에서 그저 혼잣말을 중얼거렸을 뿐인데 아무

런 친분이 없는 사람으로부터 멘션을 받으면 괜히 곤혹스럽기만 하다. 그리 가깝지 않은 지인이나 예전 회사 동료에게 개인적인 소식이 전해져서 어색한 상황이 만들어지는 경우도 있었다. 또한 의도치 않게 인터넷상에서 논쟁에 휘말려 극심한 스트레스를 받을 때도 있다.

'타인은 결코 바꿀 수 없다'에서도 다뤘듯이 세상에는 나와 다른 생각을 가진 이들이 숱하게 많다. 그런 미지의 사람들과 관계를 맺어 봐야 봐야 언쟁과 분란이 일어날 뿐이다.

그래서 최근 SNS에서는 자신의 글이 불특정 다수에게 모두 공개되지 않도록 제한을 걸 수 있는 기능이 생겼다. 소식을 공유하기 불편한 사람이 있다면 상대의 계정을 차단하는 식으로 공개 범위가 세분화되어 있다.

나와 맞지 않는 사람과 쓸데없이 관계 맺어지지 않도록 꼼꼼히 분별하는 자세가 필요하게 된 것이다.

대체로 한 사람이 갖고 있는 인간관계 처리 능력에는 한계가 있을 수밖에 없다. SNS에서 수천 명의 사람과 네트워크가 형성되어 있다고 해도 그것은 일종의 허수에 불과하다.

로빈 던바Robin Dunbar라는 진화생물학자가 제시한 설에 따르면 인간이 관계 맺을 수 있는 안정된 숫자는 평균 150명 정도라고 한다. 이를 '던바의 수'라고 한다.

'던바의 수'는 인간과 유사한 영장류를 조사한 결과 대뇌 신피질의 두께와 그 동물의 군집 수가 비례한다는 데이터를 통해 도출된 자료이다. 즉 대뇌 신피질 두께를 보면 인간은 최근 수천 년, 혹은 수만 년 동안 일생에서 평균 150명 정도의 타인과 관계를 맺는 삶에 적응되어, 뇌 역시 그 수준의 집단생활에 최적화되었다는 뜻이다.

물론 아주 먼 미래에 인류가 인터넷 환경에 더 적응하면 대뇌 신피질이 두꺼워져서 매일 수천 명과 밀접한 커뮤니케이션을 나누며 살아가도록 진화할지도 모른다.

그러나 적어도 우리 세대에서는 이를 기대할 수 없다. 유전자가 변화하려면 수천 년 혹은 수만 년이 걸린다. 미래에는 어떻게 될지 몰라도 인터넷이 일반에 보급된 지 고작 20년 정도밖에 되지 않았고, 애초에 인간이 수십 명 남짓 모여 사는 촌락을 벗어나 수십만 명이나 되는 도시에서 살아가게 된 것도 최근 100년 사이의 일이다.

핵심은 인간의 뇌 사양이 수많은 사람과 일상적으로 커뮤니케이션하는 현대 사회를 아직 따라잡지 못했다는 것이다. 요컨대, 인간의 두뇌 스펙이 대량의 인간과 일상적으로 소통하는 현대사회에 적응할 만큼 발전하지는 못한 상태다.

인터넷과 도시라는 공간적 이점을 활용해 인간관계를 넓히는 것도 좋지만, 내가 소화할 수 있을 만큼만 확장하는 것이 좋다. 자기 주변의 대략 150명 남짓 되는 사람들과의 인연부터 소중하게 여기고 착실히 맺어가자.

계획에 집착할수록 후회만 커진다

계획이라는 것은 원래 지키지 않아야 더 재미있는 법이다. 학창 시절 '수업을 땡땡이치고 놀러 가는 일'에 은근한 스릴과 재미를 느낀 적이 다들 한 번쯤은 있었을 것이다. 그저 평일 낮에 주변을 어슬렁거리거나 공원에 가는 것만으로도 가슴이 두근거린다. 그 두근거림의 정체는 대체 무엇이었을까.

아마 인간은 충동적으로 계획을 바꿀 때 대단한 즐거움을 느끼는 것 같다. 계획을 그대로 지키는 것이라면 기계도 할 수 있다. 예측할 수 없는 방향으로 계획을 뒤집는 것이야말로 우리 삶 속 즐거움이다.

물론 성인이 되면 학생 때와 달리 땡땡이를 치기 어려워지지만 가끔은 정해진 계획을 지키지 않아야 일상을 활기차게 살아갈 수 있다.

나는 가끔 내일의 계획을 완벽하게 세워두고, 이를 몽땅 어겨버리는 일탈을 저지르기도 한다. 어떤 식당에서 밥을 먹을지 어떤 카페에 가서 어떤 책을 읽을지까지도 미리 정해둔 상태에서, 막상 다음 날이 되면 그저 내키는 대로 하는 것이다. 계획은 무시한 채 집에 틀어박혀 게임을 하기도 하고, 갑자기 친구와 약속을 잡아 영화를 보러 가기도 한다. 어떤 때는 계획을 지키는 척 버스를 타고 가다가 중간에 모르는 정류장에서 내려 하염없이 산책을 한 적도 있다. 이렇게 계획했던 것들을 무르고 마음이 가는 대로 하루를 보내는 연습도 필요하다. 계획이 무산되었을 때 밀려오는 아쉬움과 솟구치는 후회를 빠르게 정리하고 떨쳐낼 수 있어야 한다.

인간관계에 있어서도 주변 사람들에게 '원래 일정을 잘 지키지 못하는 사람'이라고 생각되는 편이 훨씬 편하다. 불편한 자리에 초대가 되어도 잘 거절하지 못하거나,

컨디션이 안 좋더라도 '이건 약속이니까 꼭 지켜야 해'라는 강박을 지닌 사람들이 간혹 있다. 하지만 아무리 좋은 의도라 하더라도, 모든 약속을 지키려다 보면, 주변 사람들에게 '저 사람은 온다고 하면 반드시 오는 사람이야'라는 인식을 심어주기 십상이다. 한 번 그런 인식이 새겨지면, 정말 피치 못할 사정으로 약속에 참석하지 못하게 되더라도 괜히 더 심한 비난을 받게 되곤 한다.

그것보다는 '이런 저런 일로 바쁜 사람이니, 오지 않을 수도 있어'라고 생각하게끔 만드는 게 좋다. 왠지 불편할 것 같은 자리에 초대를 받았을 때는 "일이 많아서…"라든지 "좀 피곤해서…" 같은 핑계를 대며 피해보도록 하자. 언제나 그럴싸한 구실을 만들어두는 게 상대를 위한 최소한의 배려다. 그러다 왠지 그 모임에 참석을 하고 싶어질 때가 생기면 얼굴을 비추러 가면 된다. 그렇게 되면 오히려 모두가 놀라며 환하게 맞이해 주기도 한다.

'불량 학생이 드디어 올바른 행동을 하면 칭찬을 듣는 것'과 같은 이치로, 타인의 기대를 낮출수록 삶이 편해지고 득 볼 일도 많다.

내가 약속을 잘 못 지키는 만큼 다른 사람에게 뭔가를 권할 때도 "꼭 오지 않아도 좋으니 마음이 동하면 와"라고 말해둘 때가 많다. 그러는 게 서로 부담도 없고 마음이 편하다.

언제나 약속이든 계획이든 그 주체가 '나'라고 생각하면 된다. 약속을 지키지 못해 괜히 마음이 찜찜하다면 그 약속의 주체는 내가 아니라 상대였던 것이고, 계획이 어그러져 자책하고 후회하게 된다면 그 계획의 주체 또한 내가 아니라 '그 일' 자체였던 것이다. 삶의 주인이 되기 위해서는 우선 사소한 일에서부터 주체성을 찾는 일이 필요하다. 뭐든 예상대로 흘러가지 않게 되더라도 '그럴 수도 있지'라고 가볍게 생각하며 넘겨 보도록 하자.

두려움은 선입관에서 생겨난다

인간은 본능적으로 집단을 꾸리는 생물이다. 그래서 자신이 속한 집단에 애착을 가지기 쉽다. 그러나 그런 애착이 이상하게 뒤틀리면 다른 집단을 향한 반감으로 표출되기도 한다. 즉, 일종의 선입관이 생겨나는 것이다.

자기가 속한 집단에 대한 소속감이나 타 집단을 향한 반감을 떠올리면 나는 늘 초등학생 시절이 생각난다. 당시 별다른 이유도 없이 왠지 옆 학교 아이들을 경계했다. 옆 동네에 가면 왠지 안 좋은 일이 생길 것 같은 두려움에 근처에 얼씬도 하지 않았다.

그러다 중학교에 진학하며 옆 학교 아이들과 같은 학교에 다니게 되었고, 그 친구들과 한 교실에서 지내면서 내가 가졌던 두려움은 빠르게 사라질 수 있었다. 초등학생 시절 갖고 있던 경계심은 대체 어디서 기인한 건지 알 수 없을 정도로 아무렇지도 않게 그 친구들과 웃고 떠들게 되었다.

정말 이상한 것은 또 다른 중학교에 다니는 아이들에게 그런 어려움을 갖게 되었다는 것이다. 그 아이들과도 같은 고등학교에 들어가고 한데 섞이면서 다시금 불편함이 사라졌지만 말이다.

이와 비슷한 경험은 또 있다. 나는 간사이 출신이라 간사이 사투리가 아닌 다른 지역의 말에 엄청난 알레르기가 있었다. 어린 시절에는 '계집애처럼 나긋나긋한 간토 사투리를 쓰는 녀석과는 절대 친구가 될 수 없을 거야'라고 믿어 의심치 않았다. 그런데 대학에 들어가서 간사이가 아닌 다른 지역의 출신들과 어울릴 기회가 잦아지자, 간토는 물론 다른 지역 출신의 학생들과도 어렵지 않게 친구가 될 수 있었다.

조금 더 시야를 넓혀 일본을 넘어선 다른 지역, 전 세계 어느 나라를 대입해도 결국 마찬가지일 것이다.

낯선 집단에 경계심을 느끼는 것은 생물로서의 본능이다. 하지만 실제 다른 집단에 속한 사람을 한 명 한 명 만나다 보면 그런 허술한 선입관으로 사람을 판단하는 것이 얼마나 어리석은 행동인지 깨닫게 된다. '어디에서 어디까지가 내 편'이라는 구분은 결국 상대적인 것이다. 만약 외계인이 지구를 침략하러 온다면 지구인 모두가 동포처럼 느껴질 것이다.

멀리 떨어진 국가보다 인접국과의 관계가 더 좋지 않다는 이야기가 있다. 일본을 예로 들면 중국과 한국에 배타적인 감정을 품은 사람들이 꽤 있다. 나는 태국에 잠시 살았던 적이 있는데 태국인들 중에서도 인접국인 베트남과 인도 사람을 보면 멸시와 경계가 뒤섞인 복잡한 감정을 드러내는 사람들이 있었다.

이웃 나라로 서로 면해 있다 보면 실제 이해관계가 대립할 때도 있고, 무엇보다 문화와 인종에 있어서 '언뜻 보기엔 우리와 닮았는데 다른 부분이 있다'라는 느낌에 위화감을 느끼는 경향이 있다.

애초에 자기 옆 동네, 옆 지역의 사람들에게조차 경계심을 갖는 게 인간이란 족속이라고 생각하면, '그들'과 '우리'라는 허술한 묶음으로 다른 집단을 배척하는 행위가 얼마나 무익한지 쉽게 깨달을 수 있다.

인간은 원래 약해지면 누군가를 공격하고 싶어 하는 존재이지만, 안일한 선입관에 괜히 휘둘려 버리지 않도록 주의하자.

정해진 기준에 나를 구겨 넣지 마라

일하는 방식은 대체로 두 가지로 나뉜다.

하나는 '그리 특별한 일을 하는 것도 아닌데 한곳에 머무르며 주변과의 협조성을 중요하게 여기는 방식'으로 대부분 회사원과 공무원 등이 이쪽에 속한다.

또 하나는 '어떤 기술을 익혀 그 기술로 다양한 곳을 전전하며 살아가는 프리랜서 같은 방식'이다.

두 가지 중 지금의 사회에서 살아가기 편한 쪽은 타인과의 협조성을 중요하게 여기는 전자일 것이다.

학창 시절 다른 사람과 협업하는 것에 큰 어려움을 겪지 않았던 사람은 전자를 택하는 게 좋다. 사회에서도 그쪽이 다수파라 살아가기 쉽고 생활도 안정적으로 꾸릴 수 있다. 하지만 사회 다수가 택하는 일이라고 정해진 것이라 해서 반드시 그 길을 가야 한다는 법은 없다. 그 기준에 나를 구겨 넣다가는 진정 내가 좋아하는 것은 무엇인지, 내가 원하는 일은 무엇인지를 잊어버리게 될지도 모른다.

세상에는 나처럼 그런 다수파의 삶의 방식에 도무지 적응하지 못하는 타입의 사람이 있다. 그렇게 생각하는 사람은 뭐든 좋으니 기술을 익혀두는 것이 좋다.

회사를 그만두고 무직이 되었을 때 '프로그래밍을 배워 웹사이트를 만들 줄 알게 된다면 먹고사는 데는 지장이 없지 않을까'라는 생각에 독학으로 프로그래밍을 공부하기 시작했다.

어찌어찌 웹사이트를 만들며 생활을 건사하는 게 불가능하지 않은 수준에 이르렀지만, 프로그래머로서의 삶은 예전처럼 평범하게 일하는 것과 동일 한 수준, 아니 어쩌면 그 이상의 성실함을 요구한다는 걸 깨닫고 결국 포기할 수 밖에 없었다.

프로그래머로 일을 하다 보니 '이건 정교한 프라모델을 조립할 때와 같은 끈기를 필요로 하는 구나…'라는 것을 알게 되었다. 애초에 내 성격과는 맞지 않는 일이었다. 다만 그때 다양한 프로그래머들과 인간관계를 맺을 수 있었던 경험은 지금까지도 큰 도움이 되고 있다.

세상에는 참 수많은 타입의 프로그래머들이 있다. 프로그래머가 아닌 다른 일을 해도 능수능란하게 잘했을 사람도 있지만, '이 사람은 프로그래밍을 안 했다면 혼자 방에서 굶어 죽지 않았을까?'라고 걱정될 만큼 사회성과 협조성이 부족한 특이한 인물도 상당히 많았다. 그러면서 이런 사람들은 어떤 과정을 통해 일자리를 얻었을까 하는 의문이 절로 들었다.

분명 일반적인 회사였다면 적응할 수 없었을 사람들이 프로그래머 업계에서는 위태위태하더라도 잘 버티고 있었다. 그렇다는 건 그 업계 자체가 컴퓨터 프로그래밍 하나에만 몰두하면 일이 가능해서일 것이다.

소규모의 벤처 회사 같은 곳은 실력만 어느 정도 받쳐 주면 들어가기가 그리 어렵지는 않다. 실력만 있다면 조건이 좋은 회사로 옮기는 것도 가능하다. 자신만의 기술을 갖고 있으면 사회성과 협조성이 다소 떨어지더라도 큰 문제가 없는 세계인 것이다.

과거의 수공예 장인 같은 존재에 비교할 수 있을 듯 싶다. 술고래에 성격은 괴팍하지만 실력은 갖춘, 그래도 본성은 나쁘지 않은 사람이라면 먹고사는 데는 지장이 없다는 식이랄까.

물론 사회성이 지나치게 부족하다면 역시 함께 일하기란 쉽지 않을 것이다. 아무리 프로그래머라 하더라도 회사에 속하지 않은 프리랜서 프로그래머의 수는 실제로 그리 많지 않다. 대부분이 계약직의 형태로라도 회사에 고용되어 있다.

프리랜서로 일하며 재택 근무할 수 있는 환경은 일단 남들처럼 회사에서 몇 년 동안 근무하며 경험과 인맥을 쌓은 후에나 가질 수 있는 목표인 것이다.

일반인이 특정 기술을 습득하려 한다면 직업훈련을 받아보는 것이 좋다. 직업훈련이라고 하면 용접이나 자동차 수리와 같은 공업 관련 기술을 배우는 곳의 이미지를 떠올리는데, 그건 옛말이다.

요즘 직업 훈련 프로그램에는 IT 계열 강좌가 많다. 기술을 익혀서 어느 정도 먹고살 수 있는 수입원이 있으면 사회에서 살기도 편해진다. 고정된 공간이나 회사에 얽매이지 않고 옮겨 다니기도 쉽다. 덧붙이자면 나는 지금 책을 내거나 블로그에 글을 써서 생계를 이어가고 있다.

그것이 '일반적'이라는 이유로 계속해 온 일이 있다면 다시 한 번 자신의 발자취를 점검해 보길 바란다. 그리고 내가 걸어온 길이 진정 내가 원하던 일은 아니었다면, 한 발자국 씩 방향을 바꿔보는 것도 좋지 않을까.

감정을 참으면 마음이 고장난다

자주 어울리는 친구들 사이에서 '난 이제 틀렸어'라는 의식이 유행한 적이 있다.

그 의식이란 게 대단한 건 아니다. 풀이 팍 죽어 '뭐든 되는 일이 없어' '죽고 싶어' 같은 기분이 들 때, 바닥에 벌렁 드러누워 손발을 버둥거리거나 양손으로 머리카락을 쥐어뜯으며 "으아! 난 이제 틀렸어! 대체 뭘 어떻게 하라는 거야!"라며 마구마구 소리를 치는 것이다. 정말로 눈앞에 희망이 사라져 끝없는 좌절에 빠져들 때 이 의식을 하면 마음을 조금이나마 가다듬을 수 있다.

해보면 확실히 마음이 꽤 후련해져서 생각도 긍정적이 되는 느낌이 든다. 그래서 나는 가끔 지인들과 이런 대화를 나누곤 한다.

"지금 정신 상태가 영 아니라서 집에 가서 '난 이제 틀렸어'를 해야겠어."

"어제는 되는 일이 없어서 '난 이제 틀렸어'를 세 번 정도 했다니까."

다 큰 성인은 감정을 겉으로 드러내서는 안 된다는 사회적인 통념이 있지만, 실제 사회에는 어엿한 성인일지라도 한 꺼풀 벗겨보면 '저 사람의 호감을 사고 싶다'든가 '저 인간은 그냥 마음에 안 들어'처럼 지극히 단선적이고 감정적인 이유로 행동하는 경우를 자주 볼 수 있다. 합리적으로 보이는 인간의 그 어떤 행동에도 깊숙한 곳에는 사실 비합리적인 감정이 자리 잡고 있다.

인간은 감정 없이 살 수 없다. 인간의 행동과 판단이 대부분 감정적인 요인에서 비롯되었다는 사실을 있는 그대로 받아들일 필요가 있다. 만약 감정이 없으면 인간은 행동의 지침이나 어떤 원동력을 잃어버리게 될 것이다.

그러니 자신의 감정을 비합리적이라며 무시하기보다는 감정이 밑바닥에 치달아서 기로에 몰렸을 때, 아무리 볼썽사납더라도 감정을 마구 방출해 보는 게 어떨까. 잔뜩 움츠러든 감정을 밖으로 꺼내지 않고 계속 쌓아두면 언제 폭발할지 모를 일이다.

그러니 앞서 말한 '난 이제 틀렸어' 의식처럼 가끔 가스를 빼주는 행위가 필요하다.

감정을 분출하는 것의 이점에 대해 생각할 때면 언제나 만화 『죠죠의 기묘한 모험』의 한 장면이 떠오른다. 주인공 죠죠가 에시디시라는 적과 목숨적인 사투를 벌이고 있는데, 에시디시가 갑자기 눈물을 펑펑 흘리며 어린아이처럼 우는 에피소드가 있다. 그런 행동을 한 이유는 분노가 폭발할 것 같을 때 사리 분별 못 하는 자신을 제어하기 위해 의식적으로 울음을 터뜨려 감정을 가라앉힌 것이었다.

나 또한 누구든 가끔은 오열을 터뜨리는 순간이 필요하다고 생각한다. 심야에 포장마차가 즐비한 거리를 걷다 보면 술에 취해 엉엉 우는 사람과 가끔 마주치게 된다. 그런 모습을 보면 '억눌린 감정을 풀고 있구나'라는 생각이 들며 괜스레 측은해진다.

나는 블로그에 글을 쓰는 일이 질릴 때면 '재밌는 게 하나도 없다. 지루해. 괴로워.' 같은 질척거리는 감정을 글로 여과 없이 쏟아낼 때가 있다. 그러고 나면 왠지 마음이 한결 가벼워지는 듯 하다. 남의 눈을 의식해서 다른 사람의 구미에 맞는 글만 블로그에 썼다면 이렇게 몇 년이나 이어오지 못했을 것이다.

X(트위터)도 주 계정과는 별개로 '피곤해'나 '이젠 틀렸어' 같은 불평만 주로 쓰는 계정을 따로 갖고 있다. 그곳에 '지쳤어'라고 적는 것만으로도 기분이 한결 나아진다. 앓는 소리나 불만을 다른 사람이 직접 들어준다면야 좋겠지만 그럴 경우 상대방에게 부담을 주게 된다. 그러나 인터넷이라면 마음껏 지껄일 수 있다. 나에게 인터넷은 하고 싶은 말을 속 시원하게 털어놓을 수 있는 감정의 배수구 같은 공간이다.

인간에게는 앓는 소리를 하거나 불만을 내뱉거나, 눈물을 펑펑 흘리는 것과 같은 감정을 표출하는 행위가 가끔 필요하다. 힘들어지면 참지 말고 울음을 터뜨리거나 소리를 빽 지르며 손발을 버둥거려보자.

마음이 힘들 땐 따뜻한 음식을 먹자

만화 『꼬마숙녀 치에』를 보면 포장마차 라면 가게에서 초등학생 치애가 할머니에게 이런 말을 듣는 장면이 있다.

"인간에게 가장 괴로운 건 배고픔과 추위란다. 제 밥줄도 해결하지 못하는데 머리에 제대로 된 생각이란 게 박히겠냐. 그러니 노이로제같은 것에 걸리는 거지. 배고프다, 춥다, 이젠 죽고 싶다. 불행이란 이 순서로 오는 게다. 그러니 불행해지고 싶지 않다면 일단 뭔가 따뜻한 것을 먹거라."

'인간이 어떤 상황에서 행복을 느끼는가'와 같은 질문은 언뜻 보기에 고도의 정신적인 차원에서 일워지는 문제 같지만, 사실 '춥지 않다'라든가 '배고프지 않다'와 같은 즉물적이고 단순한 조건에 좌우된다.

'이제는 뭘 해도 안 돼. 죽을 수밖에 없어'와 같은 절망적인 마음에 사로잡히는 경우를 실제로 따져보면 일시적으로 기분이 가라앉아 사고의 폭이 좁아졌을 가능성이 크다. 그런 만큼 충동적으로 목숨을 끊는 극단적인 선택은 결코 해서는 안 된다.

마음이 바닥을 쳤을 때는 '아무리 생각해도 이젠 어쩔 도리가 없다. 모든 게 끝이야'라는 생각이 들 수밖에 없겠지만, 잠시 휴식을 취하고 마음을 가다듬고 다시 생각하면 어떻게든 만회할 수 있는 길이 보이기 마련이다. 인생에서 정말로 어쩔 수 없고 돌이킬 수 없는 상황이란 그리 많지 않다.

극단적인 생각에 사로잡혔을 때는 휴대전화와 컴퓨터 전원을 끄고 좋아하는 것들을 마음껏 먹은 후 방에 틀어박혀 실컷 잠을 자자.

하기 싫은 일과 성가신 일은 모조리 내팽개치고, 좋아하는 일만 하며 지내 보자. 시간을 낭비하고 있다는 두려움을 떨쳐 버리자. '감정을 참으면 마음이 고장난다'에서 적었듯이 오열하거나 바닥에 드러누워 손발을 버둥거리는 것도 좋다고 생각한다.

나는 감정적으로 힘들 때면 몇 번이나 읽었던 시리즈 만화를 되읽거나, 감자칩을 여러 봉지 사 와서 무서운 기세로 해치우곤 한다. 그런 말초적인 자극을 느끼는 동안에는 시름을 잠시나마 잊을 수 있기 때문이다. 잠시 나만의 공간 속에 틀어박혀 있다 보면 머지않아 체력과 정신이 회복돼 '조금만 더 힘내볼까'라는 긍정적인 생각의 싹이 발아한다.

인간은 생각보다 아무것도 하지 않고 가만히 있는 무위의 상태에 싫증을 잘 느낀다. 체력과 정신력이 완전히 바닥난 게 아닌 이상, 본능적으로 생산적인 일을 하고 싶어 하는 생물이다.

절망했을 때는 일단 목숨 이외의 모든 것을 버리고 끊임없이 도망쳐 보자.

내가 아닌 다른 누군가가, 이를테면 가족이나 친구가 절망에 빠졌을 때는 어떻게 하면 좋을까. 진흙탕의 깊이는 진흙탕에 빠져 있는 사람밖에 모른다. 결국 본인이 떠안은 고민은 스스로 어떻게든 할 수밖에 없고, 다른 사람이 해결할 수 있는 것은 아니다.

주변 사람이 할 수 있는 일이라곤 시답잖은 말을 건다든지 밥을 먹자고 불러내서 맛있는 것을 사주는 정도일 것이다.

하지만 원래 인간이 타인에게 해줄 수 있는 것이란 그 정도뿐이고, 그걸로 충분하다고 본다.

주변에 죽을 것처럼 힘들어 보이는 사람이 있으면 일단 따뜻한 것을 먹여보자. 몸이 따뜻해지고 배가 든든해지면 대체로 힘이 나는 법이다.

3장

누군가의 삶에 나를 맞추지 마라

포기할 줄 알아야 무너지지 않는다

보통 세상이 내 뜻대로 움직여주지 않는 것만 같을 때 우리는 인생이 괴롭다고 생각한다.

즉 '이랬으면 좋겠다'거나 '이런 상황을 벗어나고 싶다' 같은 기대와 집착이 많을수록 괴로움도 늘어난다. 그러니 되도록 기대하지 않으면서 살아가는 것이 더 마음 편히 살 수 있는 길이다.

모든 희망을 버리고 세상만사를 포기한 채 살라는 말은 아니다. 다만 머릿속에서 이상을 부풀릴수록 이상과 현실의 간극으로 힘들어지니, 최대한 정확하게 현실을 인식해 망상을 부풀리지 말자는 뜻이다.

부처님의 일화 중엔 이런 이야기가 있다.

> 어린 자식을 병으로 잃은 어머니가 그 죽음을 받아들이지 못하고 슬픔에 잠겨 부처님을 찾아왔다.
>
> 부처는 그녀에게 이렇게 말한다.
>
> "'지금껏 죽은 사람이 한 명도 나오지 않은 집'에서 양귀비 씨앗을 얻어오면 어떻게든 도와주겠다."
>
> 그녀는 그 말을 듣고 수많은 집을 전전했지만 결국 죽은 사람이 나오지 않은 집은 찾을 수 없었다.

가까운 이의 죽음에 초연한 인간은 세상에 존재하지 않는다. 이 이야기는 인간의 죽음으로 인한 슬픔이 나에게만 찾아오는 것이 아니라, 세상을 가득 메운 평범한 감정이라는 깨달음을 전한다.

조금 거칠게 요약하자면 부처의 가르침은 '자식의 죽음이 슬픈 이유는 현실에 대한 인식이 무르기 때문이다'라는 것이다. 인간은 누구든 갑작스럽게 죽기 마련이다. 자식의 죽음을 받아들이지 못하는 것은 '내 아이는 갑자기 죽을 리 없다'라고 믿었기 때문이다.

그러나 그 믿음은 잘못된 것이다. 생명이 있는 존재는 모두 돌연 죽기 마련이고, 형태가 있는 것은 시간이 흘러가면 파괴되기 마련이다. 1초 뒤에 무슨 일이 일어날지 모르는 것이 이 세계다.

진리를 정확하게 인식하면 가족이 죽든 재난이 일어나든 그것은 세상의 정해진 이치에서 벗어나는 일이 아니므로 괴롭지 않을 것이다. 이러한 경지에 도달하면 무슨 일에도 흔들리지 않고 슬픔을 느끼지 않으며 살 수 있다.

그러나 깨달음의 경지에 도달할 수 있는 사람은 극히 일부에 불과하리라. 평범한 사람은 가까운 사람이 죽으면 슬픔을 느끼기 마련이고, 열심히 하던 일이 잘 풀리지 않으면 억울하기 마련이다.

한편으로 모두가 부처와 같은 깨달음을 얻는다면 인류는 멸망할 것이란 생각도 든다. 인류가 주어진 비극을 그대로 받아들이기만 하고 개선하려 하지 않았다면 세상은 자연의 원시 상태에서 크게 달라지지 않았을 것이다.

현실을 받아들이는 것뿐만 아니라 더욱 좋게 바꿔나가겠다는 마음가짐도 살아가는 데는 응당 필요하다. 그런 점에서 더욱이 완벽한 깨달음의 경지에 이를 필요는 없지만, 부처 같은 사고방식을 이해하는 일도 의미가 있다.

생활 속에서 기대를 조금만 줄이고 상황을 수용하면 인생은 더욱 편해진다. 아무리 악을 쓰며 해내려 했던 일이 있더라도, '이 이상은 불가능하다'라는 생각이 든다면 포기할 줄도 알아야 마음이 무너지지 않는다. '반드시 이래야 한다'거나 '이렇게 될 리 없다' 같은 믿음에 얽매이지 말자. 세상은 결코 인간의 기대대로 움직여주지 않는다. 인생에는 '세상은 원래 이런 거지' '어차피 이 이상은 해낼 수 없었을 거야' 같은 모호한 타협도 중요하다.

이번 장에서는 필요 이상의 기대와 이상을 버리고 적당히 포기하며 살아가는 비법에 대해 짚어보겠다.

정해진 프레임에 나를 가두지 마라

조금 연배가 있는 사람들로부터 "요새 젊은이들은 다른 사람을 면전에 두고도 스마트폰만 보고 있으니 실례야"라는 말을 꽤 듣게 된다.

지금 세대의 사고방식을 잘 이해할 수 없는 노인들이 그렇게 느끼는 건 어쩔 수 없다. 나도 인터넷에 익숙하지 않은 세대를 만날 때는 되도록 스마트폰을 보지 않으려고 한다. 하지만 개인적으로 나는 맞은편에 있는 상대가 스마트폰을 보는 것은 대환영이다. 외려 더 열심히 봐줬으면 좋겠다는 생각을 한다.

그 이유는 '눈앞의 상대와 반드시 대화를 나눠야 한다'는 압박감이 줄기 때문이다. 굳이 억지 수다를 떨지 않더라도 무방한 분위기가 형성되기에 나로서는 고마울 따름이다.

단순히 얼굴을 맞대고 대화를 나누는 것이라면 커뮤니케이션 채널이 '발성에 의한 대화'라는 하나의 창구밖에 존재하지 않게 된다. 채널이 하나밖에 없으면 그 안에서 주도권을 쥐는 사람도 언변이 유창한 사람이나 목소리가 큰 사람과 같은 특정 몇 명이 된다.

나는 이른바 눌변이라서 다른 사람과 마주 보고 대화를 나눌 때면 하고 싶은 말을 제대로 못 할뿐더러 도중에 피곤이 밀려올 때가 많다. 하지만 그럴 때 잠시나마 스마트폰을 들여다보며 '인터넷'이라는 채널을 통해 나와 외부를 연결하면 답답함이 조금이나마 누그러지는 느낌이 들곤 한다.

회사에서는 친구를 만들지 못했던 내가 인터넷에서 친구를 사귈 수 있었던 데는 인터넷을 즐기는 사람들 특유의 커뮤니케이션 방식이 한 몫을 했다.

인터넷으로 알게 된 사람들은 만날 때 항상 컴퓨터를 가져온다. 패밀리레스토랑이든 누군가의 집이든 함께 모이면 우선 다들 노트북을 열어놓고 잡담을 나누든, 인터넷을 보든, 앞에 있는 상대와 채팅으로 대화하든, 주변을 신경 쓰지 않고 혼자 게임 혹은 프로그래밍을 하든 대수롭지 않게 여기는 분위기였다.

'마주 보고 억지로 대화를 나누지 않아도 된다'라는 분위기가 내게는 너무나 편했다. 커뮤니케이션이라는 측면에서 인간이 다양하게 나뉜다는 사실을 알게 된 점도 흥미로웠다. 채팅이나 블로그 등지에서는 수다스럽게 말을 할 수 있어도 실제 만남에서는 말문이 막히는 사람이 있는가 하면, 면전에서는 누구 못지않게 말이 많다가도 인터넷에는 간략한 단문밖에 안 남기는 사람이 있었다. 사람마다 성격이 다르듯, 소통하는 방식도 다른것이다.

물론 인간의 주의력은 유한하기 때문에 스마트폰이나 컴퓨터를 보면서 대화를 하다 보면 어느 정도 대화가 소홀해질 수밖에 없다. 하지만, 그렇다고 해서 관계에 소홀한 것은 아니다.

서로에게 기본적인 신뢰가 있는 관계라면 대화는 좀 느슨해져도 괜찮다. 오히려 느슨한 대화가 관계 유지에 도움이 될 때가 많다.

스마트폰을 보며 흥미 있는 화제가 나올 때만 대화에 참여하고, 또 대화에 지치면 다시 인터넷을 보는 식으로 대화의 참여 여부를 자유롭게 개인에게 맡기는 분위기가 마음 편하다.

자신의 100%를 전부 '이곳'에 둘 필요는 없다. 50%는 이곳에 있더라도 다른 50%는 인터넷 세계에 있는 분위기가 허용되는 쪽이 훨씬 자유롭고 즐겁다고 생각한다.

실생활에서의 대화와 인터넷 커뮤니케이션의 가장 큰 차이는 '복수의 대화를 동시에 진행할 수 있느냐 없느냐'다. 실생활에서의 대화라면 하나의 대화에 전적으로 집중해야 한다. 그러나 인터넷 속 대화라면 복수의 채널에서 복수의 커뮤니케이션을 동시에 진행할 수 있다. X(트위터)를 보며 채팅을 하거나 페이스북, 인스타그램에 '좋아요'를 누르며 동시에 메일도 확인하는 식으로 말이다.

요즘 젊은 사람들은 멀티태스킹으로 나누는 대화에 익숙하다. 그런 다채널 커뮤니케이션에서는 구속감이 없어서 좋다.

나는 가족이나 종교와 같은 이른바 '닫힌 인간관계'에 약하다. 닫힌 인간관계에는 여러 부작용이 있다. 닫힌 공간에서는 커뮤니케이션 채널이 하나밖에 없기에 그 안에서 가장 힘 있는 자가 주도권을 쥐게 된다.

그리고 외부인의 눈이 없는 닫힌 공간 안에서는 다른 사람에 대한 폭언과 제삼자에 대한 집단적인 언어폭력이 자행되는 상황이 아무렇지도 않게 이루어지기도 한다. 그러나 그것이 잘못되었다는 걸 그 안에 있는 사람은 깨닫지 못한다. 자기도 모르는 사이 그 분위기에 마비되어 버리기 때문이다.

일본에서는 자기가 만들 틀 안에서 자식을 강제하고 억압하는 부모를 가리켜 '도쿠오야'라고 부른다. 사이비 종교에서 발생하는 끔찍한 사건들, 그리고 '왕따'와 같은 폭력 등 이 모든 것이 닫힌 공간에서 발생하는 일들이다.

그렇기에 어떤 집단이든 그 관계가 프레임 속에 갇히

지 않도록, 폐쇄되지 않도록 외부로 통하는 채널을 항상 연결해 두는 것이 중요하다. 외부인이 쉽게 드나들 수 있게 하고, 빠지고 싶어 하는 사람은 자유롭게 나가도록 하여 유동성을 유지하는 것이 환기가 잘되는 건전한 커뮤니티를 유지하는 방법이다.

내가 셰어하우스에서 친구들과 함께 사는 것도 그런 이유 때문이다. 가족은 교체할 수 없지만 셰어하우스는 같이 거주하는 사람이 바뀐다. 만약 질이 나쁜 사람이 들어온다고 해도 그 사람을 내보내든가, 내가 나가 버리면 그만이다.

물론 '유동성이 높다'라는 것에도 나름의 장단점이 있다. 셰어하우스에서 친구들과 함께 사는 것이 즐거운 일이기는 하나, 각자 언제 나갈지 모른다는 불안감이 있다. 5년, 10년 후에는 혼자 남을 가능성도 있다. 평범한 친구 관계도 이와 마찬가지다.

그러나 가족이란 관계에는 유동성이 없기에 비록 빠져나갈 수 없지만 10년, 20년 후에도 인연이 끊어지지는 않는다. 그렇기에 어느 쪽이 좋다고 딱 잘라 말할 수는 없다. 가능하면 양쪽을 잘 활용해서 상호 보완하는 것이 낫지 않을까. 두 관계 모두 일장일단이 있으니 양쪽 채널을 잘 나눠서 쓰자.

인간관계는 하나의 채널만 있으면 답답해지기 쉽다. 가능한 한 많은 채널을 만들어서 느슨하고 폭넓게 여러 곳에 연결고리를 만들어 두자.

가끔은 제멋대로 해야 일이 풀린다

요즘은 취미로 채소를 재배한다. 텃밭이라고 할 만큼 본격적인 것은 아니다. 그저 모종이나 씨앗을 사다가 앞뜰에 심어두는 일을 한다. 식물이 자라는 걸 볼 때면 참 대단하다는 생각이 든다. 나는 모종을 심어놓고도 자주 들여다보지 못한다. 그러다 한 번씩 물을 주러 갈 때면 어느덧 쑥쑥 자라 열매를 맺은 걸 보고 놀랄 때가 많다.

키우는 데 큰 에너지가 들지도 않고, 채소를 한 번 재배하고 나면 사 먹는 것보다 돈도 절약할 수 있으니 나에게는 안성맞춤인 취미인 셈이다.

채소를 기르게 된 까닭은 '돈을 아끼겠다'라든가 '유기농 채소를 먹어야겠다'라는 마음 때문은 아니었다. 그저 키우고 재배하는 과정이 즐거워 보였기에 시작하게 된 일이다. 식물이 무럭무럭 성장하는 모습은 아무리 봐도 질리지 않는다. 시간 날 때 틈틈이 손질을 해주는 재미도 쏠쏠하다. 나름대로 정성을 들여 임했으니 뿌듯함도 따라오는 것이 아니겠는가.

비슷한 맥락에서 채소 재배뿐만 아니라 요리도 즐겨한다. 식비 절약이나 입맛에 맞는 식사 등의 장점보다 식물 재배와 마찬가지로 요리를 하는 행위 자체의 즐거움이 더 크다. 채소와 고기를 썰고 익히고 간을 어떻게 할지를 떠올리는 과정이 즐거운 것이다.

즐거움은 결과가 아닌 결과에 이르기까지의 과정에 깃든다. 뭔가를 할 때 '그것이 어디에 도움이 되는가'를 떠올리기보다 그 과정 자체를 즐기는 편이 결과적으로도 좋다. 책을 읽을 때도 '이걸 읽으면 지식이 생긴다'라든가 '돈을 벌 아이디어를 얻을 수 있다'라는 식으로 효용을 따지지 말고 책 읽는 행위 자체를 즐겨야 한다.

운동을 할 때는 '운동을 해서 건강해지겠다'라거나 '몸을 만들겠다'라는 생각보다 운동의 순수한 재미 그 자체에 빠져드는 것이다. 책을 읽어서 지식이 증대된다거나 운동을 해서 건강해지는 건 그 자체에 단단히 빠져들면 자연히 따라오는 부록이다.

과정이 그리 즐겁지 않지만 목적을 위해 어쩔 수 없이 하는 일은 결국 오래 이어지지 않는다. 과정이 즐겁지 않은데 성공하는 일은 없다. 어디에 도움이 될지를 일일이 따질 게 아니라 그 자체를 즐기자.

취미가 있어야 건강한 삶을 산다는 이론도 이와 일맥상통한다. 취미란 실질적으로 생활에 별 도움이 되지 않는다 해도 그 행위 자체에 빠져드는 일이다. 그런 취미를 찾으면 삶이 풍요로워진다.

미국의 사회학자 탈코트 파슨스Talcott Parsons가 제안한 '컨서머토리Consummatory'라는 개념이 있다. 이 컨서머토리라는 단어는 '자기 만족적'이라고 번역되는데, '어떤 목적을 위해 뭔가를 하는 게 아니라 그 자체를 즐기는 것'을 나타내는 개념이다.

먼 미래의 행복이나 사회적인 목표의 실현을 위해 현실을 희생하는 것이 아닌 '지금, 여기'에서의 행복을 추구하는 청년 세대를 일컬을 때 자주 언급된다.

컨서머토리의 반대말은 인스트루멘털instrumental이다. 번역하자면 '도구적'이 된다. 걷기를 예로 들면 목적지에 가기 위해 걷는 것이 인스트루멘탈이고 걷는 것 자체를 즐기는 것이 컨서머토리다.

지금은 빈곤하여도 점차 성장하여 세상이 나아질 수 있다고 믿었던 시대에는 인스트루멘털적인 행동 원리가 세상의 주류였다. 즉 '지금은 가난하지만 열심히 하다 보면 언젠가 밝은 미래가 찾아올 것이다'라고 믿으며 미래를 위해 현재를 희생했던 것이다.

그러나 오늘날은 이미 경제적으로 풍요로워진 시대다. 현재를 희생하여 열심히 일한다고 해도 예전 세대가 그랬던 것처럼 밝은 내일이 보장되지 않는다. 따라서 차츰 '현재를 즐기자'라는 신념을 가지고 살아가는 사람이 늘어나는 추세다. 즉, 컨서머토리적인 행동 원리가 주를 이루게 된 것이다.

가끔은 '미래를 위해 현재를 희생하여 열심히 하자'라는 자세가 필요할 때도 있지만 기본적으로 인생은컨서머토리적으로 살아가는 것이 행복하게 사는 비법이다. 생활 속에 컨서머토리적인 부분이 없으면 인간은 버티지 못한다. 애초에 인간은 거대한 대의를 위해 살아가지 않는다. 다만 '살아가는 일'에 충실하기 위해 존재하는 것이다.

'이 일은 어디에 도움이 될까?' 같은 복잡한 생각은 그만 멈춰라. 그저 순수하게 하고 싶은 일을 하자.

제때 그만두는 것도 능력이다

독서를 자주 하지 않는 사람은 '책은 처음부터 끝까지 순서대로 꼼꼼히 읽어야 한다'라고 생각하는 경우가 많다. 하지만 책은 좀 더 멋대로 읽어도 되는 것이다.

책을 좋아하는 사람일수록 자기만의 방식으로 책을 읽는다. 딱히 순서에 구애받을 필요도 없고, 책장을 휙휙 넘기며 궁금한 부분만 대충 읽고 곧장 책을 덮어도 상관없다. 지인 중에 '소설은 대화문만 읽고 지문은 그냥 넘긴다'라는 사람이 있었다. 그건 좀 지나치다 싶기는 하지만 그런 식으로라도 책을 즐기고 있다면 괜찮은 독서법이 아닐까 싶다.

책 한 권을 읽어서 마음에 드는 문장 하나만 만나도 충분히 본전을 건지는 셈이다. 읽지 않더라도 책장에 꽂아두는 것만으로도 만족스럽다면, 그 또한 나쁘지 않다. 책이든 뭐든 규정된 사용법 같은 건 성실하게 지킬 필요가 없다. 자기에게 편한 방식으로 자유롭게 이용하자.

독서와 마찬가지로 술자리나 행사도 처음부터 끝까지 자리를 지킬 필요는 없다. 정말로 즐겁다면 풀타임으로 있어도 상관은 없지만 다른 사람의 눈치를 살피느라 처음부터 끝까지 자리를 지키는 사람이 꽤 많을 것이다. 만약 내가 조금이라도 피로하다면 굳이 성실하게 자리를 지킬 필요는 없다. 다른 일이 있다는 둥적당한 구실을 대며 빠져나가면 그만이다.

나는 다른 사람과 오랜 시간 함께 있는 상황 자체가 불편하다. 그래서 시간이 오래 걸리는 행사일 경우에는 걸핏하면 중간에 빠져나간다. 밖으로 나와 행사장 주변을 어슬렁거리거나 편의점에서 잡지를 읽거나 캔 커피를 사서 잠시 휴식 시간을 갖고 난 후 어느 정도 기운이 회복됐다 싶으면 다시 행사장으로 돌아가곤 한다.

술자리에서도 이따금 몰래 빠져나와 취기가 도는 상태로 길가에 앉아 혼자만의 시간을 갖는다. 취기가 오른 채로 번화가를 오가는 사람들을 구경하는 것도 나름의 재미다. 살짝 기분 전환을 하고 난 뒤 자리로 돌아가면 더욱 신선한 느낌으로 다른 사람과 대화를 나눌 수도 있다. 자리를 뜨기 어려운 분위기일 때는 '전화를 받는 척하며 나가는' 기술도 자주 활용한다.

이렇듯 '낄 때 끼고 빠질 때 빠지기' 스킬의 중요성을 생각할 때면 언제나 미타 노리후사三田 紀房의 『인베스터 Z』라는 만화가 떠오른다.

중학생이 교내 '투자부' 동아리에 들어가 주식 투자를 하는 이야기인데, 신입 부원인 주인공이 강제로 혼자 영화관에 들어가게 되는 에피소드가 있다. 주인공은 영화를 보기 시작하지만 영화는 따분하기 그지없다. 이런 영화를 보는 건 시간 낭비라고 판단한 주인공은 중간에 영화관에서 뛰쳐나온다.

그러자 밖에는 선배들이 기다리고 있었다. 실은 '재미없는 영화를 보다가 얼마나 일찍 뛰쳐나올 수 있나'라는 시험이었던 것이다.

주인공의 선배들은 주인공이 투자할 때 '손절매'가 가능한 사람인지를 테스트해 본 것이다.

뭔가에 실패했을 때 지금까지 쏟아부은 시간이나 돈을 아깝다는 이유로 시간과 자원을 계속 투자하는 건 어리석은 짓이다. 되도록 빨리 털어 피해를 최소화하는 것이 중요하다. 이는 비단 투자가 아닌 인생의 모든 일에 적용되는 원칙이다.

왠지 찜찜한 느낌이 들 땐 빠르게 빠져나오자. 다른 사람에게 맞출 필요는 없다. 타성에 휩쓸리지 말고 나에게 필요한 부분만 골라 집어먹도록 하자.

남이 만든 그릇에 나를 담지 마라

평일에는 정신없이 일하다가, 휴일만 되면 '할 일이 없다', '한가하다'라는 말을 입버릇처럼 하는 지인이 있다. 나는 늘 한가하니 "아, 그래? 그럼 뭐 재미있는 일 없을까?"라고 맞장구를 쳐주며 같이 차를 마시거나 수다를 떨곤 한다.

특이한 점은 평일에 일 때문에 시간이 없다고 하는 사람들은 오히려 주말보다 평일에 활기찬 느낌이다. "일이 힘들다" "야근이 많다" "회사가 열악해"라고 입에 불만을 달고 살면서도 한편으로는 그런 상황을 즐기는 듯한 측면도 보인다.

심지어 일이 줄어서 여가 시간이 늘어나게 되면 늘면 "할 일이 없다"라며 따분해한다. 이런 사람들 중에서는 굳이 하지 않아도 되는데 휴일까지 일하는 극단적인 인물도 간혹 있다.

또 일이 난항을 보일수록 활기를 띠는 사람도 있다. 사고가 나면 눈빛을 반짝이면서 나서지 말아야 할 상황임에도 본인이 앞장섰다가 사고에 휘말리기도 한다. 늘 성가신 문제를 갖고 있는 상대에게만 관심을 갖고, 그 사람 뒷바라지를 하느라 힘들다면서도 왠지 신나 보이는 사람도 있다. 그런 이들 역시 아무 사건이 없는 평상시에는 활기를 잃고 따분해한다.

문제를 떠안으려 하는 사람을 욕할 수는 없다. 오히려 칭찬받아야 하는 행동이라 여길지도 모른다. 하지만 그것은 정신질환 분야에서 '인에이블러Enabler'라고 불리며 위험시되는 현상이다.

'인에이블러'는 알코올의존증이나 우울증 등 정신질환 문제를 지닌 사람을 떠받쳐주다가 상대가 자신에게 의존하는 상황에 다시 의존하게 되는, 이른바 '공의존'이라 불리는 상태이다.

문제를 가진 사람이 자립하면 자신이 필요하지 않게 되어버리기 때문에, 문제를 근본적으로 해결하려 하지 않고 구제불능인 사람의 응석을 받아주며 그대로 내버려 두는 것이다.

문제 상황을 짊어져야만 마음이 안정되는 상태를 결코 건전하다고 할 수 없다. '꼭 해야 할 일'을 떠안고 쫓기는 것이 아니라, '굳이 하지 않아도 되지만 자발적으로 하고 싶은 일'을 하는 것이 좋다.

24시간 일하고 싶은 동시에 그 일이 자신이 하고 싶은 것이라 말하는 사람들도 가끔 있다. 그런 사람들은 스스로 즐기고 있는 상태이니 잘못된 건 없다. 문제는 자신이 좋아하지 않는 일인데도 할 일이 없어 일을 하고, 또 일이 적어지면 불안해하는 사람들이다. 자신이 맡은 일이 '하고 싶은 일'이 아니라면 더더욱 휴일을 불안해하기 마련이고 일부러 귀찮은 일을 찾아다니기도 한다. 정년퇴직 후 '정년 후 우울증'에 걸리는 사람도 마찬가지다. 인생을 오래 즐기기 위해서는 일 외에도 뭔가 '하고 싶은 일'이 있는 것이 좋다.

일을 위해 인생이 있는 것이 아니라, 인생을 즐기기 위해 일이 있는 것이다. 물론 하고 싶은 것을 찾지 못했을 때 '일단 일이나 하자'라는 태도를 갖는 것은 괜찮다. 일을 하면 돈을 벌 수 있고 다른 사람과의 관계도 형성되며, 내가 좋아하는 일을 찾아나갈 수 있을지도 모른다.

하지만 그 상태를 기약 없이 지속하게 된다면 반드시 벽에 부딪힐 때가 온다. 그러니 '난 이걸 할 때가 행복해'라는 대상을 발견하는 것이 중요하다.

만약 '난 딱히 하고 싶은 일이 없는데' '일 외에 하고 싶은 것이 떠오르지 않아'라고 생각했다면, 그건 두 가지 이유 때문이다. 하나는 '피곤해서', 다른 하나는 '하고 싶은 것을 만나지 못해서'이다. 피곤할 때는 그냥 쉬자. 피곤하지 않을 때가 돌아오면 그때 지금껏 해본 적 없는 다양한 것들에 도전해 보자. 세상에는 평생을 다 바쳐도 경험하지 못할 만큼 재미있는 것들이 많다. 다양한 곳을 다니며 이런저런 취미를 즐겨보자.

새로운 취미를 시작할 때는 그 분야에 정통한 선배의 도움을 받는 게 좋다. 무슨 일이든 그걸 즐기려면 약간의 비법이 필요하다. 인간이란 자기가 좋아하는 것에 대해 떠들고 싶어 하기 마련이다. '취미 선배'에게 가르쳐달라고 부탁하면 어떤 부분을 어떤 식으로 즐기면 좋을지를 흔쾌히 알려줄 것이다.

조언은 적당히 흘려들어도 괜찮다

블로그를 쓰다 보면 동의하는 의견, 비판하는 의견 등 다양한 댓글이 달린다. 언제나 문제가 되는 것은 비판 댓글쪽이다.

대개 댓글을 쓰는 사람은 익명으로 글을 쓰기 때문에 반론을 두려워하지 않고 거침없이 날이 선 말을 던진다. 때로는 비방이나 욕설에 가까운 것이 섞여 있기도 하다. 어떤 블로거는 비판적인 댓글을 보는 것이 스트레스가 되어 댓글 창을 닫아 버리는 경우도 있다고 들었다.

하지만 나는 별로 신경 쓰지 않는 편이고, 내 블로그에 비판적인 댓글이 달려도 '다양한 의견을 가진 사람들이 있어서 더 재미있는 거지'라고 가볍게 생각하며 넘긴다.

오히려 찬성 댓글만 달렸다면 그쪽이 더 기분 나쁠 것 같다. 내 의견이 절대적으로 옳다고 생각하지는 않는다. 비판이 있는 것은 당연하다. 또한 인터넷에서는 어떤 내용을 써도 비판을 완전히 피하기 어렵다.

친구에게 보고하는 기분으로 '사랑하는 사람과 결혼할 수 있어서 기쁘다'라고 블로그에 글을 쓰면 '결혼을 하고 싶어도 못 하는 사람들이 그걸 읽고 어떻게 생각할지 생각해 보세요' '결혼 제도에서 무시당하는 '사회적 소수자 문제'에 대해 생각해 본 적 있나요' 같은 예상도 없는 총알이 날아온다.

'패밀리레스토랑의 밥이 맛있다'라고 쓰면 '패밀리레스토랑밖에 갈 수 없는 가난한 사람은 불쌍하다'는 의견과 '패밀리레스토랑에 가는 것은 사치고, 그런 사람들은 진짜 가난을 모른다'라는 댓글이 동시에 달린다.

인터넷은 그런 전장과도 같은 공간이고, 양방향에서 날아오는 총알은 피할 수 없는 노릇이다. 인터넷을 하다 보면 남의 의견을 모두 수용하기 힘들다는 걸 넘어 불가능하다는 것을 실감하게 된다. 아무리 나쁜 의견이라도 동조자가 나온다. 그런 다양한 의견이 존재하는 것이 인류의 재미있는 점이고, 다양한 의견의 충돌을 방에 누워서 볼 수 있는 것이 인터넷의 장점이다.

남들은 자신의 편의에 따라 마음대로 말한다. 내가 남의 말을 그대로 받아들여 그로 인해 실패를 겪게 되더라도, 그 사람은 아무런 책임이 없다. 결국 자신의 인생은 스스로 책임질 수밖에 없다.

타인은 같은 인간이지만 나와는 전혀 다른 감각을 가진 또 다른 생명체라고 생각해야 한다. 애초에 서로 이해할 수 없는 존재이고, 가끔 소통이 되면 다행이라고 생각해야 한다. 상대가 나를 막무가내로 비난한다면 그냥 불쌍하게 생각하자. 이런저런 이유로 나에게 불평불만을 토로하는 것은 오히려 그 사람 스스로가 뭔가 고민이 있기 때문이다.

대략적인 비율로 보면 사람의 말은 딱 절반 정도만 들어주면 된다. 싫어하는 사람이나 잘 맞지 않는 사람은 몇 퍼센트 정도만 신경 쓰며 이야기를 들어주고, 신뢰할 수 있는 사람이나 나와 잘 맞는 사람의 말이라도 어쨌든 가치관 차이는 있기 때문에 절반 정도만 들어도 된다.

남의 이야기는 적당히 흘려듣고, 자신에게 도움이 될 만한 부분만 적당히 활용하자. 누군가 부정의 말만 쏟아내면 조금 반감이 들겠지만 대부분의 경우 반론한다고 해서 얻을 수 있는 것은 없다.

그럴 때는 '이 사람은 나에 대해 아무것도 모르지만, 뭐 이 사람에게는 이 사람만의 인생이 있겠지' '이 사람은 지나치게 공격적이지만 뭔가 힘든 일이 많았겠지'라고 가볍게 생각하면서 적당히 대충대충 넘어가면서 살자.

알고 있다고 다 말하지는 마라

나는 예전부터 토론을 잘 못 했다.

누군가와 어떤 이야기를 하다가 조금 복잡한 이야기가 나오면 '저게 무슨 뜻이지?' '어떤 논리로 그게 그렇게 연결되는 거지?'라는 궁금증이 생겼다.

대화를 할 때면 무의식적으로 상대방의 의도나 감정을 파악하고자 애를 쓰게 될 때가 있는데, 그런 노력은 결코 대화에 도움되지 않는다. 설령 상대가 거짓말을 하고 있다고 해도 그 말을 그대로 받아들이는 편이 마음 편하다. 내가 이해할 수 없는 의견을 누군가 열정적으로 이야기할 때가 있다면, '저 사람은 저렇게 생각하는구나'라고 여기며 가볍게 넘기자.

글쓰기는 천천히 자기 페이스로 왔다 갔다 할 수 있기 때문에 쓰는 데 문제는 없지만, 대화는 순발력이 필요해 술술 풀어 내기 힘들다. 때문에 의견을 강하게 밀어붙이고 싶을 때도, 상대의 말에 반박하고 싶을 때도 말은 일단 아끼는 편이 좋다.

대학 시절에는 주변에 토론을 좋아하는 사람들이 많아서 항상 인생이나 사회, 문학에 대해 토론을 했다. 당시에도 나는 적극적으로 끼어들지는 못했고 그저 '그렇구나' '그럴 수도 있겠네' 하며 적당히 맞장구치고 이야기를 들어주는 편이었다.

예전에는 토론을 잘하는 사람을 '대단하다, 어떻게 저렇게 될 수 있을까'라고 생각한 적도 있었지만, 어느 순간부터 그렇게 동경하지 않게 되었다. 사실 토론에 능숙한 사람은 토론을 잘한다기보다는 단순히 토론이라는 스포츠에서 이기는 것을 좋아하기 때문이라는 것을 어느 순간 깨달았기 때문이다.

토론을 좋아하고 잘하는 건 단순한 취향의 문제다. 애초에 논쟁에서 이겼다고 해서 결론적으로 얻을 수 있는 건 없다. 논쟁과 설득은 별개의 문제이고, 상대를 논파한다고 해서 상대가 내 뜻대로 움직여주는 것은 아니다.

'이성적으로는 알겠는데 왠지 감각적으로 받아들이기 힘들다' '옳은 말일지 몰라도 이 사람을 따르는 것은 짜증 난다'와 같이 인간은 비이성적이고 감정적인 요소로 마음이 동하는 부분이 많기 때문이다.

그리고 '즉시 결정하지 않는다'에서도 이야기했듯이, 대체로 현실에서는 어느 한 쪽의 의견이 옳고 어느 한 쪽의 의견이 틀린 경우는 많지 않다.

인간은 누구나 저마다의 경험과 사상을 가지고 있고, 그것은 다른 삶을 살고 있는 타인이 관여할 수 없고 바꿀 수 없는 것이다.

어떤 의견에 대해서는 "제 생각과는 조금 다르지만 그럴 수도 있겠네요."라는 정도로 대답하며 사는 것이 좋다. 자신의 의견을 억지로 강요하는 사람은 단순히 토론이라는 스포츠를 좋아하는 사람이거나, 외려 자신의 의견에 자신이 없거나, 스트레스가 쌓인 사람이다.

그런 사람들과 논쟁을 벌여봐야 크게 얻는 것은 없다. 복잡한 논쟁이 될 것 같으면, "그럴지도 모르겠네요…" "너무 어렵고 복잡해서 잘 모르겠는데요…" 같은 애매모호한 말로 대응하자. 그렇게 하면 상대방도 "이 녀석에게는 아무리 말해도 소용없겠군"이라 생각하며 포기하게 될 것이다.

생각이 복잡할 땐 생각하기를 멈춰라

'아무것도 하지 않고 멍때리는 것'은 언뜻 간단해 보이지만 좀처럼 쉽지 않은 일이다. 집에 가만히 있다 보면 문득 집 안 더러운 곳이 신경 쓰이며 자기도 모르게 청소기를 집어 들게 되는 식으로 말이다.

그냥 느긋하게 쉬고 싶었는데, 자꾸만 업무나 집안일이 자꾸만 떠오를 때가 있다. 결국에는 가만히 있지 못하고 평소보다 더 피곤한 하루를 보내게 되기도 한다. 아마 누구든 흔히 겪는 상황일 것이다.

생각이 복잡해지거나 걱정이 많아져서, 그저 멍하니 있고 싶어지는 날일 때면 나는 지하철역에 간다.

그곳에서 아무 전철이나 골라 타고 30분 정도 이동한 후, 모르는 역에서 내려 하염없이 그 동네를 산책한다. 카페가 보이면 들어가서 커피를 마시기도 한다.

일 년에 몇 번은 좀 더 긴 시간 동안 탈 것을 이용하는 여행을 한다. 느리게 달리는 기차나 고속버스를 하루 종일 타고 한 시간 정도 타고 먼 곳으로 가는 것이다. 책을 읽거나 음악을 듣는 것도 이동 중에 해야 더 집중이 잘 되고 즐겁다.

다른 지역을 가더라도 신칸센이나 비행기를 타면 더 일찍 도착할 수는 있을 것이다. 하지만 목적지에 더 일찍 도착한다고 해서 무조건 좋은 것은 아니다. 오히려 이동 시간이 사뭇 길어지더라도, 그 시간을 다른 즐길 거리로 채울 수 있다면 여행은 한층 재밌어지는 것이다. 느린 기차 안에서 한숨 자거나 하염없이 멍을 때리며, 평소 누릴 수 없었던 휴식을 취하는 것도 의미가 있다.

아마도 멍하니 있을 수 있는 가장 좋은 비법은 '무언가를 타고 이동하며 그냥 앉아 있는다'처럼 아무것도 하지 않아도 근심거리를 잊을 수 있는 상태에 자신을 두는 것이리라.

그것은 명상하는 방식과 조금 비슷하다.

명상도 '마음을 비운다'라거나 '아무 생각도 하지 않는다'라는 것을 목표로 하는 것이다. 하지만 단순히 '아무 생각도 하지 않는다'라는 것을 목표로 했다가는 마음속에 여러 가지 잡념이 생겨나기 마련이다.

그래서 명상에서는 '어떤 한 지점에 오로지 의식을 집중한다'라거나 '자신의 몸을 최대한 천천히 움직여 그 몸의 감각에 의식을 집중한다'라고 하는 등, 어떤 가상의 목표에 의식을 집중함으로써 마음을 맑게 하는 것이 매우 중요하다.

예로부터 무술에서 말하는 '단전을 의식하라'는 것도 같은 맥락이다. 단전은 배꼽에서 손가락 세 마디 아래, 그 지점에서 또 손가락 세 개 정도 몸 안으로 들어가면 닿는 곳을 뜻한다. 단전이라는 지점에 특별한 신체 기관이 있는 것이 아니다. 그저 내장의 한 부분일 뿐이다. 무술에서는 흔히 이 단전을 의식하며 움직이면 몸의 균형이 잘 맞고 기술에도 힘이 제대로 들어간다고 한다.

단전에는 아무리 힘을 넣으려 해도 힘이 들어가지 않기 때문이다. 무술에서 '힘으로 굳히는 것'은 금물이다. 몸에 힘을 주다 경직될 경우 틈을 노리는 적에게 공격당하기 마련이다. 하지만 몸에 힘을 빼려고 의식하다 보면 어느새 힘이 들어가 몸이 경직되어 버린다. 마치 '오늘은 아무것도 하지 않고 쉬어야지'라고 다짐했으면서도 자꾸 해야 할 일들이 생각나 몸을 쉬지 못하게 하는 우리의 모습과 비슷하다.

때문에 무술을 할 때는 '온몸에 힘을 풀고 느슨한 상태'를 유지하면서도 돌발상황이 일어났을 때 '즉시 대응할 수 있는 태도'도 갖추어야 한다.

이를 '자연체'라고 부르며, 이를 실현하기 위해 아무리 의식해도 힘이 들어가지 않는 단전에 힘을 주어야 한다는 것이다.

이것은 '멍때리기 위해 기차를 타는 것'과 조금 비슷하다. 사실 우리의 몸은 굉장히 빠른 속도로 이동을 하고 있지만, 몸에는 긴장이 풀리고 마음은 느긋해지는 것처럼 말이다. 기차를 타는 것 외에는 목욕탕을 이용하는 것도 매우 좋은 방법이다. 목욕탕 역시 뜨거운 물에 몸을 담그고 의식을 몽롱한 상태로 둘 수 있는 근사한 공간이니 말이다.

생각이 많아졌을 때 머리를 비우려 애쓰다가는 결국 생각이 더 무거워질 뿐이다. 차라리 긴 시간 기차를 타고 이동하며 멍을 때리거나, 온천에 가서 의식을 몽롱하게 해 보자. '아무것도 하지 않고 의자에 앉아만 있는 일'보다 당신의 몸과 마음을 가벼이 만들어 줄 것이다.

시간 따라 살지 말고 마음 따라 살아라

매년 생일이 다가올 때마다 야마다 후타로山田風太郎의 『인간임종도권人間臨終圖卷』이라는 책을 다시 읽어보곤 한다. 이 책은 동서고금을 막론하고 다양한 사람들의 임종 모습을 나이순으로 정리한 책이다.

이 책을 읽으면 왠지 모르게 마음이 편안해진다. '모차르트에 비하면 나는 오래 살아서 행복하다'거나 '어떤 위대한 사람도 결국은 고통스럽게 죽어서 무로 돌아간다'는 것을 확인할 수 있기 때문인 것 같다.

나는 30살 무렵부터 '이제부터가 여생이다'라는 생각을 하게 되었고, 지금까지도 그런 생각으로 살아왔다.

'여생'이라는 건 노인들이나 쓸 수 있는 말이 아니다. 고등학교 교육을 마치고 부모의 손아귀에서 벗어난 시점부터 남은 삶은 내가 꾸려가야 한다. 그런 점에서는 그 사람의 나이가 몇 살이든 '이제부터가 여생이다'라고 생각하는 것은 그다지 과한 일이 아니다.

누군가의 죽음에 "어쩔 수 없지. 당연한 이치야"라고 말하며 체념하는 사람도 있고, "조금만 더 살아주었다면 좋았을 텐데" 라고 말하며 속상해 하는 사람도 있다.

나도 누군가의 죽음에 슬프고 안타까운 감정이 밀려올 때가 많지만, 그 감정에 갇히지 않기 위해서 '어쩔 수 없는 일이었어'라고 생각하려는 노력을 한다.

물론 합당하지 못한 이유로 삶을 마감하게 되는 사람도 있다. 그런 죽음까지도 '어쩔 수 없는 일'로 취급하고 싶지는 않다. 그들이 살아있을 때 힘이 되어주지 못했다는 죄책감과 후회는 결국 우리의 몫이다. 그저 앞으로 그런 원통한 죽음이 반복되지 않도록 관심을 기울여 주면 된다. 하지만 그럼에도 변하지 않는 진실은 인간이 언젠가 반드시 죽는 존재라는 것이다. 죽음의 시기가 언제 오느냐는 서로 다르지만 말이다.

나 자신도 상당히 불안정한 삶을 살고 있고, 앞날이 어떻게 될지 모른다. 내가 오래 살 거라는 확신도 없다. 다만 '나는 언제 죽을지 모른다'는 생각을 하면 조금은 정신이 맑아지는 듯하기도 하다. '다음 달에 죽더라도 후회하지 않도록 잘 살아야지'라는 생각에 의욕이 생기기 때문이다.

회사를 그만두기로 결심한 것도 '다음 달에 죽게 된다면 지금 회사를 그만두지 않은 것을 가장 후회하게 될 거야'라는 생각이 결정적이었다.

죽음을 의식하면 생의 고마움을 실감할 수 있다.

전쟁 중 이야기 등을 읽다 보면, 자신이 곧 죽는다는 것을 알게 되자마자 세상의 모든 것이 아름답게 빛나 보였다는 이야기가 자주 나온다. 그 아름다움은 아기가 처음 세상을 보았을 때의 신선함과 감동에 비견할 수 있을 것이다.

'나는 더 일찍 죽어도 괜찮았어, 지금의 삶은 덤 같은 거야'라고 생각하면, 곤란한 일이 일어나도 '인생은 원래 이런 거야'라고 생각하며 즐길 수 있는 여유가 생긴다.

지금 사회에는 '정해진 타임라인'이 있는 것만 같다. 사람들은 전부 그 타임라인대로 살아가려 안간힘을 쓴다.

10대에는 좋은 대학에 진학하기 위해 고군분투하고, 20대에는 안정적인 직장에 들어가기 위해 몸부림을 친다. 30대, 40대, 50대에도 '이 시기에 꼭 해야 하는 일'을 정해두고 그 일을 달성하는 것에 집중하며 하루하루를 살아간다. 하지만 삶이라는 것은 시간에 따라 사는 것이 아니다. 내 마음에 따라 사는 것이다. 그래야 죽음을 앞에 두고도 후회하지 않을 수 있다.

인간은 어차피 다 죽는다. 오래 살든 일찍 죽든 결국 수십 년, 수십 년의 차이일 뿐 우주와 지구의 수십억 년의 역사에 비하면 먼지 같은 존재다.

어차피 먼지 같은 인생이라면 후회하지 않도록 좋아하는 일을 하며 살자. 내 남은 삶을 어떻게 꾸려갈지는 결국 나 자신에게 달려 있는 것이니 말이다.

삶의 빈틈이 있어야 행복이 찾아든다

대체로 뭐든 깊이 파고들면 벽에 부딪히기 마련이다. 어느 정도 선에서 '타협'이나 '포기'를 하고 '적당함'을 추구하는 게 좋다.

이 책에서 이야기하고 있는 모든 행동과 마음가짐의 지침 또한 마찬가지다. 어떤 일에 집착하는 것은 우리를 피로하게 만들기 마련이므로 '너무 집착하지 말자' '더 가볍게 살자'라는 이야기를 써 내려왔다. 그러나 어떤 일을 하지 않으려는 강박에도 사로잡히지 않는 것이 좋다.

예를 들어, 노력하는 것을 싫어하는 사람이 있다고 가

정해 보자. 그 사람은 매번 '어떤 상황이라도 결코 노력하지 않을 거야!'라는 신념을 고집하며 산다. 하지만 이는 오히려 '열심히 하지 않는 것'을 매우 열심히 행하려 하고 있는 것이다.

노력하지 않으려 애쓰는 것보다 가끔은 조금의 노력을 기울이는 것이 더욱 편하고 자연스러운 일이다.

비슷한 역설은 이 밖에도 여러 가지가 있다.

'어떤 순간이라도 무리하지 말고 자연스럽게 있자'라고 필요 이상 의식하는 것은 오히려 우리를 부자연스럽게 행동하도록 만들어 버린다.

'이성에게 인기를 얻고 싶다'라고 필요 이상으로 의식하면 매사에 융통성이 사라지고 집착만 늘어나서 정작 이성의 관심을 끌지 못한다. 그러다가 '연애 따윈 관심 없어'라고 생각한 시점부터 조금씩 이성의 주목을 받게 되었다는 이야기, 자주 듣게 되지 않는가.

'모든 욕망을 버리자'라는 생각은 그 자체로 '무욕으로 있고 싶다'는 욕망을 전제하는 것이다.

순수하게 아무것도 하지 않기란 어려운 법이다.

살아가는 데 어떤 사상이나 신념을 지니는 것은 좋다. 하지만 그 사상과 신념을 완벽하게 실천하려고 하면 대체로 파탄을 맞이한다. 아무리 훌륭한 사상이라도 근본주의는 벽에 가로막히기 쉽다.

따라서 나만의 이상을 지니는 것은 좋지만 어느 정도 선에서 그만두거나 타협하는 '적당함'이 있는 쪽이 일이 더 잘 풀린다.

살면서 어떤 사상이나 신념을 갖는 것은 좋지만, 그 사상이나 신념을 너무 완벽하게 실행하려고 하면 대부분 실패한다. 아무리 훌륭한 사상이라도 근본주의는 막다른 골목에 빠지기 쉽다. 이상을 갖는 것도 좋지만, 어느 정도 포기하거나 타협하는 '적당히'가 있어야 일이 잘 풀리는 법이다.

4장

스쳐 가는 것들에 매달리지 마라

방이 정돈돼야 마음도 정돈된다

'부자들은 물건이 많다'라는 생각은 낡은 사고방식이다. 물건이라는 것은 지니고 있으면 필연적으로 관리 비용이 발생한다.

'관리 비용'에는 관리하는데 드는 돈과 수고뿐만 아니라, '어라, 저건 잘 안 쓰게 되는데, 버려야 하나?'라는 식의 생각처럼, 은근하게 신경이 쓰이는 심리적 비용도 포함된다. 가지고 있는 물건이 적을수록 방은 깨끗하게 정돈이 되고, 삶도 홀가분하고 가벼워진다.

나는 지금 셰어하우스에 살고 있고, 집을 포함해 여러 가지 물건들을 사람들과 공유하며 살아가고 있다. 그러면서 내가 관리해야 하는 물건이 적어졌고, 자연스레 마음도 한층 가뿐해졌다.

무엇보다 무언가를 빌려 쓰거나 공유하는 생활로 인해 나의 세계가 넓어졌음을 문득 체감할 때가 있다. 셰어하우스에 살기 전까지 나는 게임 같은 걸 즐기는 타입은 아니었다. 애니메이션에도 큰 관심은 없었다. 하지만 셰어하우스라는 공간을 공유하게 되면서 사람들과 다양한 의견을 주고받을 수 있었고, 조금은 낯설었던 게임, 애니메이션 등을 이제는 자연스럽게 즐길 수 있게 되었다.

내 돈 주고는 사지 않을 만화책이 나의 공간에 놓여 있으니, 그 책들을 읽게 되는 새로운 재미도 생겼다. 이처럼 타인의 물건이나 공간을 공유하면 혼자서는 경험하지 못했을 새로운 무언가를 접하게 된다. 물건에 대한 집착이 사라졌기 때문이다.

세상은 넓다. 대부분의 물건은 어딘가에 떠돌다가 결국 버려지기 마련이다. 물건에 대한 집착을 버리면 아무리 물건이 낡아지더라도 신경을 쓸 필요가 없어지기 마련이다.

필요한 물건이 생겼다면 인터넷에서 처분하는 사람을 찾는 게 가장 좋다. 중고 용품을 사용하는 것은 물건에 대한 집착을 버리는 것에 가장 효과적이다. 인터넷에서 물건을 받는 방법은 간단하다. 누구나 사용할 수 있는 X(트위터), 블로그 등의 SNS를 통하면 된다.

그것이 무엇이든 세상에는 '주고 싶은 사람'과 '받고 싶은 사람'이 존재한다. 그리고 낯선 이들 간의 수요와 공급을 이어주는 연결구가 바로 인터넷이다. 애초에 세상의 모든 장사가 '팔고 싶은 사람'과 '사고 싶은 사람'을 적재적소에 연결해 줌으로써 성공을 거둘 수 있으니 말이다.

예를 들어 무를 사고 싶어도 무 농가를 직접 찾아가 무를 사기는 쉽지 않다. 그렇기에 '무를 사고자 하는 사람'과 무 농가 사이에 다리를 놓기 위한 농협이나 도매업자, 그리고 채소 가게 주인들이 존재하는 것이고 그렇게 장사가 성립되는 것이다.

인터넷은 그런 유통 과정을 모두 생략하고 '주고 싶은 사람'과 '받고 싶은 사람'을 직접 연결해 준다. 그런 만큼 제대로만 연결되면 원하는 물건을 싼 가격에, 운이 좋으면 공짜로도 손에 넣을 수 있다.

무언가를 새로이 배우고자 할 때도 마찬가지다. 그걸 전문적으로 가르치는 기관에 가거나 학원에 다니는 것이 고전적인 방법이지만, 내가 취미로 뭔가를 배우고자 한다면 그걸 공부해 본 사람을 인터넷에서 찾아나가는 것이 더 저렴하고 간단하다.

예컨대 취미로 그림 그리기를 배워보고 싶다면 굳이 6개월씩 비싼 돈을 주고 학원에 다닐 필요 없이, 미술을 전공으로 하는 학생들이나 프리랜서들에게 저렴하게 과외를 받을 수도 있다. 내가 원하는 시간에, 내가 원하는 기간 동안 취미 생활을 즐길 수 있으니 보다 효율적인 일이 아닌가.

이번 장에서는 내가 가진 물건과 정보 등을 최대한 줄여 산뜻한 기분으로 살아가기 위한 비법에 대해 생각해 보고자 한다.

가짜 즐거움에 시간을 허비하지 마라

서른을 넘길 무렵부터 갖고 싶은 것이 점점 사라진다는 생각이 들기 시작했다. 어릴 때는 지식과 경험이 부족한 만큼 사고 싶은 것도, 가고 싶은 곳도, 해보고 싶은 것도 많았다.

본디 내가 잘 모르는 것이라면 조금만 새로워도 흥미가 솟아오르고 이런저런 기대와 욕망을 품기 마련이다. '지금까지 없었던 이것을 손에 넣으면 인생이 극적으로 바뀔지도 몰라!'라고 생각하며 아직 접해보지 못한 무언가를 동경하곤 한다.

하지만 나이를 먹을수록 경험이 쌓이며 대개의 일들은 어느 정도 상상할 수 있게 된다. '타이트한 옷은 사봐야 좀처럼 입지 않게 된다'라거나 '조작이 까다로운 가전제품은 사도 통 쓰지 않는다'라는 걸 사기 전에 떠올릴 수 있는 것이다.

어릴 때는 '잘은 모르겠지만 어쨌든 옷에 신경 쓰는 게 좋을 것 같다'라고 생각해 다양한 옷을 사보곤 했다. 하지만 어느 순간 내가 남의 시선을 지나치게 의식하고 있다는 것을 알게 되었다. 나는 매일 색다른 옷을 입어야 직성이 풀리는 사람은 아니었다. 애초에 새로운 패션이라든가 요즘 트렌드로 자리 잡은 스타일에는 크게 관심이 없는 타입이다.

다른 사람 눈에 어떻게 보일까 하는 문제도 '내가 신경 쓰는 것만큼 다른 사람들은 나를 주시하지 않는다'라는 생각이 들자 이후로는 개의치 않게 되었다. 어차피 남들은 내가 어떤 옷을 입든지, 어떤 신발을 신든지 그것에 대해 깊게 생각하지 않는다.

내 생활에서 필요 충분한 것들을 파악해 두는 것이 좋다. 나는 유행한다는 이유로 도전하지 않는다. 그랬다가 실패하기라도 한다면 후회가 밀려올 것이 아닌가. 그저 품질과 편안함이 보장된 '이미 사용하던 물건'을 계속 사곤 한다. 쓰던 물건이 고장 나면 같은 것을 다시 사면 되고, 그렇게 하면 이미 써본 것이라 실패 확률도 없다.

물론 광고를 보거나 쇼핑몰에 가서 신제품을 보면 살짝 사고 싶은 마음이 들 때도 있다. 하지만 그런 순간일수록 냉정하게 생각해 보면, 눈으로 보아야만 소유욕이 생기는 물건들은 딱히 없어도 상관없는 것들이다. 사야 할 이유가 명확하고 나에게 의미가 뚜렷한 것이 아니라면 일단 사지 않는 편이 좋다.

오늘날에는 인간의 욕망을 교묘하게 부추겨 어떻게든 물건을 사게 하는 기술이 무척 발달해 있다. 물건을 파는 프로들은 온갖 방법을 동원하여 우리를 현혹한다. 그 상술에 이리저리 휘둘리다 보면 어느새 필요 없는 물건들이 잔뜩 쌓여 내 시간과 공간을 잡아먹고 있는 것을 발견하게 된다.

때때로 돈을 쓰고 싶어질 때도 물론 있다. 쇼핑의 즐거움을 완전히 부정하는 것은 아니다. 다만 어떻게든 지갑을 열게 하는 수법에 매번 휘둘리지 말자는 것이다. 광고에서 시선을 피하고, 쇼핑몰에 방문하는 빈도를 줄이면, 그들의 상술에 쉽게 넘어가지 않을 수 있을 것이다.

그 '때때로 돈을 낭비하는 즐거움'에는 그 금액이 절대적으로 많고 적음을 떠나 평소의 씀씀이와 얼마나 큰 간극이 있느냐가 중요하다고 생각한다. 천 엔짜리 물건을 일상적으로 사는 사람은 만 엔짜리 물건을 사는 것만으로도 기분이 좋아지지만, 만 엔짜리 물건을 일상적으로 사는 사람은 기분이 좋아지려면 십만 엔짜리 물건을 사야 한다는 것이다.

술을 자주 마시는 사람이 취하기 위해선 더 많은 술을 마셔야 하는 경우와 마찬가지다. 술은 마실수록 알코올에 강해지기 때문이다. 만족할 수 있는 역치가 점점 높아진다. 문제는 평소 만 엔짜리 물건을 일상적으로 사는 사람이 십만 엔짜리 물건을 샀다고 해서 만족도가 열 배로 높아지는 것도 아니다. 고작 두 배에서 세 배 정도 높아질 것이다.

평소 비싼 물건을 일상적으로 사는 생활은 가성비가 좋지 않다고 할 수 있다. 나는 평소 돈을 별로 쓰지 않으니 가끔 기분 전환을 하고 싶을 때는 편의점에서 비싼 아이스크림을 산다거나 껌을 한 번에 두 개 씹는 것만으로도 조금 사치를 부린 듯한 기분이 든다.

소비 수준을 높이면 '낭비하는 즐거움'을 얻는 데 더 많은 돈이 필요해진다. 따라서 평소 저렴한 물건들로 적당히 살아가다가, 가끔 '작은 사치'를 누리는 삶이 더 효율적이다. 돈을 많이 쓰는 일에 익숙해지면 씀씀이는 점점 커져서 돌이킬 수 없게 된다. 소비의 크기를 줄이는 것부터 시작하자.

행복은 느긋함 속에 숨어 있다

돈을 벌기 위해 일하고, 일하면서 스트레스를 받고, 또 그 스트레스를 풀기 위해 돈을 쓰는 악순환에 갇히진 않았는가? 행복한 삶을 위해 일하는 것이 아니라 삶을 희생해 겨우겨우 일을 하고 있진 않은가?

회사에 다니던 무렵 나 또한 그런 악순환에 빠져 있는 듯한 기분이 들었다. 매일 일하면 돈은 벌 수 있지만 그 대신 피로가 쌓인다. 그리고 그 피로를 풀기 위해 마사지를 받으러 가거나 맛있는 음식을 먹거나 어딘가에 놀러 가며 열심히 번 돈을 또 써버린다.

왠지 그 모든 일이 의미 없이 쳇바퀴만 굴리는 것 같다는 느낌이 들었다. 심지어 쳇바퀴는 제자리에서 구르지만, 우리의 시간은 멈추지 않고 흘러간다. 나는 그사이 나이만 먹고 있다는 생각에 초조해졌다.

퇴근하고 집에 오면 직접 요리를 해 먹을 힘이 나지 않아 배달 음식을 시켜 먹거나 외식만 하고, 스트레스 해소를 위해 치킨이나 피자 같은 정크 푸드만 먹다 보니 건강도 악화되고 있었다.

이럴 바에는 차라리 돈을 많이 벌지 못하더라도, 매일 시간 여유가 있는 생활을 영위하는 편이 건강하고 행복한 삶이지 않을까. 그렇게 생각했고, 나는 회사를 그만두었다. 그 선택은 지금도 틀리지 않았다고 생각한다.

돈과 시간에는 호환성互換性이 있다. 돈이 없어도 시간에 여유가 있으면 공백은 상당 부분 채워지기 마련이다.

회사에 다닐 때는 시간이 부족한 만큼 빠르게 결과물을 얻기 위해 돈을 훨씬 많이 쓰게 된다. 늦을까 봐 택시를 타고, 시간이 없어 비싼 배달 음식을 먹는 것처럼 말이다. 지금은 산책도 할 겸 느긋하게 저렴한 물건을 파는 슈퍼에 가고 내 손으로 요리를 해서 싸고 건강에도 좋은 음식을 먹는다.

시간이 없으면 삶도 매우 단조로워진다. 외식을 하면 다양한 음식을 먹을 수 있을 것 같지만 거리가 꽤 되는 맛집을 찾아다니지 않는 이상 이동 범위 내에서 결국 비슷한 메뉴를 먹게 될 뿐이다.

책이나 음악 등의 오락거리도 헌책방이나 도서관 같은 곳을 다니며 발품을 팔면 굳이 돈을 쓰지 않더라도 즐길 만한 것들을 쉽게 찾을 수 있다. 사람들이 읽지 않았을 것 같은 특이한 책을 헌책방에서 '발굴'하는 재미도 쏠쏠하다. 인터넷에는 언제든 공짜로 읽거나 볼 수 있는 콘텐츠가 차고 넘친다. 스마트폰 게임 중에도 무료로, 혹은 저렴하게 시간을 때울 수 있는 것들이 많다. 굳이 돈을 쓰지 않아도 친구를 만나러 갈 수 있고 집에 불러 같이 게임을 할 수도 있으며, 함께 밥을 먹고 어슬렁거리며 잡담을 나눌 수도 있다. 그래서인지 아이러니하게도 나는 회사원으로 지낼 때보다 무직이 되고 난 후 친구가 더 많아졌다.

회사원일 때의 나는 평일에 일을 마치면 극한의 피곤함이 몰려와 다른 약속을 잡을 기운이 도저히 나질 않았다. 주말에는 종일 누워 지내며 밀린 잠을 보충하거나 평일에 미뤄두고 쌓인 집안일을 해치우지 않으면 기본적인 일상이 돌아가지 않는 느낌이었다.

일을 관두고 나서야 다른 사람을 만날 기회가 압도적으로 늘었고, 제대로 된 인간관계를 형성할 수 있게 됐다. 나에게는 돈보다 시간이 중요했다.

물론 에너지가 넘쳐나는 사람 중에는 일도 많이 하고, 돈도 많이 벌고 또 그만큼 쓰며 화려한 하루하루를 꾸려나가는 이도 있을 것이다. 그런 삶을 추구하는 사람 역시 많을 테고, 그럴 수 있는 사람은 그렇게 살면 된다.

하지만 세상에는 그럴 수 없는 사람도 있다. 나처럼 체력이 부족한 사람은 돈이 조금 부족하더라도 느긋하게 요리하고, 매일 산책을 하고, 친구와 한가하게 잡담을 나누는 시간적 여유가 넘치는 삶을 추구하는 편이 맞다.

체력이 넘치는 사람이든 부족한 사람이든, 사치를 좋아하는 사람이든, 수수한 사람이든, 저마다 자신에게 맞는 삶의 방식을 자유롭게 취할 수 있는 사회가 건강한 사회일 것이다. 눈이 핑핑 돌 만큼 빠르게 변화하는 사회의 속도에 휘둘리지 말고, 내 속도에 맞는 삶의 방식을 찾아보자.

물건에 매달리며 살지 마라

현대사회를 살아가는 데 필요한 비용 중 상당 부분을 차지하는 것이 바로 월세일 것이다. 월세를 적게 낼수록 그만큼 돈과 노동에 쫓기지 않아도 된다.

'돈이 없어도 최소 눈 붙일 장소만 보장되면 좋을 텐데' '결국 이 사회에는 땅을 많이 가진 사람이 가장 힘이 센 걸까' 하는 생각이 들 때도 있다. 물론 월세를 제로로 만드는 것은 불가능하지만, 조금이나마 줄일 수 있는 방법은 존재한다. 가장 효과적인 방법은 지극히 당연하지만 '집의 수준을 낮추는 것'이다.

『20대에 은거20代で隠居』라는이라는 책을 쓴 오하라 헨리大原扁理는 도쿄 다마 지구에 위치한 역에서 제법 떨어진 월세 2만 8,000엔짜리 집에 살면서 일주일에 두 번만 일해도 되는 삶을 실현했다고 한다. 그런 삶의 마음가짐이나 방향성에 대해 긍정적으로 평가하고 싶다.

개인적으로는 한 살이라도 젊을 때 낡은 집에서 살아보면 그런 공간에 대한 내성이 생기므로 바람직하다고 생각한다. 나는 대학 시절 사람들이 폐가로 착각할 법한 낡은 학생 기숙사에 살면서 공간에 대한 내성이 상당히 단련됐다. 그 기숙사에는 에어컨도 난방기도 없어서, 여름엔 덥고 겨울엔 무척 추웠다. 게다가 4인 1실이라 좁다란 2층 침대에다 몸을 욱여넣은 것처럼 지내야 했다.

기숙사 생활은 비록 그전까지 살던 본가보다 환경은 열악했지만 나는 그 기숙사 생활을 통해 '아, 인간은 이 정도 수준에서도 대수롭지 않게 살아갈 수 있구나'라는 깨달음을 얻었다.

그리고 '나처럼 게으른 사람한테는 이 정도 생활이 어쩌면 안성맞춤일지도 모르겠다'라는 생각도 들었다. 그

후 어디로 이사를 가도 '대학 시절 그 기숙사보다는 쾌적하다'라고 생각하며 별 불만이 생기지 않았다.

나는 지금도 친구들과 집 한 채를 공동으로 빌려 셰어하우스 생활을 하고 있다. 월세는 2만 엔에서 4만 엔이 끝이다. 집 같은 건 비바람을 피해 눈만 붙일 수 있으면 족하다. 주거 환경이 쾌적한지 아닌지 고민하기에 앞서, 집 유지비 때문에 더 일해야 하는 현실이 훨씬 괴롭다.

집이 아무리 좁아도 가까운 곳에 공원, 산책로, 도서관, 목욕탕, 친구 집, 맛있는 백반집 등 저렴하게 드나들 수 있는 곳이 있다면 크게 상관없다. 어차피 좋은 집에서 지내도 일을 하거나 친구를 만나는 등 밖에서 시간을 보내는 경우가 많지 않은가.

월세를 줄이는 것에는 시골의 빈집을 빌리는 방법도 있다. 현재 일본의 지방은 인구 과소화過疎化가 진행 중이라 빈집이 많고, 과소화가 극심한 곳은 월 몇만 엔에 단독주택을 빌릴 수 있는 경우도 있다. 심지어 '살아만 주면 공짜도 상관없다' 같은 말조차 들린다.

다만 시골에 있는 집은 돈을 낸다고 누구든 빌릴 수 있는 것은 아니다. 시골은 지역사회의 결속성이 강해서 그 지역 사람과 자주 교류하며 개인적인 신용을 얻을 필요가 있다. 그런 점이 조금 성가시긴 하다.

다른 사람과의 교류를 되도록 피하고 싶다면 시골의 아무것도 없는 황량한 땅을 싸게 사들여 오두막을 지어서 사는 방법도 있다. 이와 관련해서는 다카무라 토모야高村友也의 책 『B라이프 : 10만 엔으로 집을 지어 생활하다』와 같은 책을 참조하길 바란다. 다만 이럴 경우에는 전기나 수도 같은 인프라가 갖춰지지 않은 곳에서 살게 되니 그런 것들을 스스로 해결해야 한다. 일정 수준의 생존능력이 필요하다.

요즘 오두막을 지어서 생활하는 젊은이가 점차 늘어나 오두막 생활을 주제로 한 블로그도 많이 생겼다. 시골에 살면서 수입원을 확보할 수만 있다면 그런 생활도 고려해 볼 만하지 않을까.

나도 이따금 빈털터리가 되고 다른 사람과의 교류도 못 견딜 만큼 성가셔진다면 산골짜기에 오두막이라도 지어서 살아야겠다고 생각하곤 한다. 그런 생각은 실제로 실행하지 않아도 '때가 되면 그런 삶도 가능하겠어…' 하고 떠올리는 것만으로 마음의 부적 같은 존재가 된다. 사회가 만들어 놓은 시스템을 벗어난다고 해서 인생이 끝나지 않는다. 삶의 방식이라는 개념의 폭을 넓혀두면 마음에 여유가 생긴다.

그러기 위해서라도 다양한 삶의 방식을 직접 시도해 보고, 때론 나와 다른 방식을 택한 이들과 만나 이야기를 나눠보자.

좋은 것을 혼자 가져서는 안 된다

내가 새로운 일을 시작할 때 주의하는 두 가지가 있다. 그것은 '내가 하고 싶은 일을 내 페이스대로 하는 것'과 '느슨하게 외부에 열어두는 것'이다.

예컨대 셰어하우스를 만든 것이 그렇다. 내가 살고있는 '괴짜 하우스'라는 셰어하우스는 컴퓨터와 인터넷을 좋아하는 사람들이 모여 사는 공간이다. 하지만 지금은 각지에 퍼져 여러 사람이 다양한 장소에서 자신만의 '괴짜 하우스'를 만들게 되었고, 전국에 20개 정도 있다. 셰어하우스 운영을 시작하게 된 것은 '혼자 사는 게 외롭다'는 개인적인 동기였지만, 지금은 그저 다양한 사람들이 함께 사는 것이 더 재미있다는 생각이 강하다. 그런 이유로 더욱 부담 없이 들어올 수 있는 분위기를 만들어 최대한 많은 사람과 집을 공유하려 하고 있다.

블로그를 쓰는 것도 비슷하다. 다양한 종류의 블로그 중에는 돈을 벌기 위해 접속률을 높일만한 주제만 다루는 블로그도 많다. 하지만 나는 기본적으로 내가 좋아하는 것, 관심 있는 것들만 쓰려고 한다. 쓰고 싶지 않을 때는 몇 달간 업데이트하지 않을 때도 있다.

블로그 제목이 '무심코 쓰는 일기'인 이유도 어디까지나 '내가 쓰고 싶은 것만 쓰고, 그렇지 않은 건 게시하지 않겠다'라는 입장을 나타낸 것이다. 비록 나를 위해 쓰는 글이기는 하나, 노트 같은 곳에 써서 혼자 읽는 것은 영 재미없다는 생각이 들어 외부에 공개하게 되었다.

거창한 목표가 없이 시작된 글쓰기다 보니 처음에는 아는 사람만 읽는 블로그였다. 하지만 차츰차츰 내 일기에 재미를 느끼고 관심을 주는 사람들도 많아졌다. 이렇게 책을 낼 수 있게 된 것도 그 덕이다.

어느덧 15년째 셰어하우스에 살며 블로그를 쓰고 있는

데, 이렇게 오래 버틸 수 있었던 비법은 단 하나였다. '하기 싫은 일은 하지 않는다'에서 밝혔듯 '내가 하고 싶은 일을 무리하지 않는 선에서 한다'라는 생각을 기본 자세로 취하는 것이다. 블로그도 셰어하우스도, '돈을 벌기 위해서'라든지 '사회에 도움이 되기 위해서'라든지 뭔가 대단한 목적을 가지고 시작한 일이었다면, 아마 1년도 채 버티지 못하고 그만두었을 것이다.

어떤 분야에서든 끈기 있게 가는 사람들은 분명 나와 같은 마음을 지니고 있을 것이라고 생각한다. 사회에 도움이 되고자 봉사활동을 하는 사람들도 순수하게 '사회를 위해' '어려운 사람을 위해' 봉사활동을 하는 것은 아니다. 활동부원들을 만나는 것이 즐겁다든지 주말에 집에만 있기 무기력하든지, 또 다른 자기만의 목적이 분명히 있을 것이다.

세상 어떤 일도 숭고한 이념만으로는 오래 지속될 수 없다. '유명해지고 싶다' '이름을 알리고 싶다'와 같은 순수하지만은 않은 동기로 무언가를 열심히 하는 것도 좋다. 그것은 인간에게 있어서 가장 강력하게 다가오는 동기부여이기 때문이다. 내가 좋아하는 일을 내 페이스대로 하되, 다른 사람들과 공유할 수 있도록 느슨하게 문을 열어 놓는다면, 내가 대가를 바라지 않아도 좋은 것들이 내 주변으로 모여든다.

나는 '하테나 블로그'라는 사이트에서 블로그를 쓰고 있는데, 이를 운영하는 주식회사 하테나를 만든 콘도 준야近藤淳也는 예전에 이런 글을 쓴 적이 있다.

> "정보를 공개하지 않으면 나의 정보는 나아가지 못한다. 일단 인터넷에 맡기면 여러 사람의 힘이 더해져 단숨에 몇 배로 빠르게 정보가 퍼져나간다. 인터넷에는 지능 증식 장치 같은 게 심겨 있는 것 같다."

마음의 문이 적당히 열려 있어야 다양한 사람들과의 관계를 이어갈 수 있고, 다양한 사람들을 겪어 보아야 나의 식견도 넓어진다. 마찬가지로 내가 가진 생각들을 인터넷이라는 공개된 장소에 공유하는 것은 나를 보다 앞으로 나아가게 할 수 있다. 생각한 것을 독점하지 말고 가능한 인터넷에 공개해 보도록 하자.

물론 나의 일거수일투족을 모조리 공유해서는 안 된다. 인터넷은 활짝 열린 공간이기에 더욱 자유롭지만, 그만큼 위험한 면도 있다. 불특정 다수에게 알려져도 괜찮을 이야기와 그렇게 되어서는 안 될 이야기를 구분하는 작업도 필요하다는 것을 명심하자.

가끔은 머릿속도 대청소가 필요하다

"방이 지저분한 사람은 머릿속도 어수선하다"라는 말이 있듯이 머릿속 상황과 주변 환경은 연동되어 있다. 주변을 깨끗하게 하기 위해서는 먼저 마음속을 깨끗하게 하는 것이 좋다.

앞서 물건을 최소한으로 소유하고, 방의 짐을 덜어내는 것에 관해 이야기했다. 하지만 그보다 더 중요한 것은 바로 '머릿속의 짐'을 정리하는 것이다. 우리의 머릿속에는 지나치게 많은 짐들이 정돈되지 않은 채로 쌓여있다. 그 첫 번째 이유는 바로 생각을 제때 표현하지 않으려 하기 때문이다.

생각하는 것을 입 밖으로 꺼내지 않는 것은 좋지 않은 습관이다. 혼자서만 생각하다 보면 점점 무엇이 옳은지 판단이 서질 않게 되고, 어떤 때는 애초에 무엇을 하고자 했는지도 알 수 없게 된다. 밖으로 표현하지 않는 것은 생각을 극단으로 치닫게 하거나 괜히 마음을 막막하게 만들기 십상이다.

과거의 기억도 자꾸 혼자 곱씹기만 하다 보면, 객관적인 상황은 잘 기억이 나질 않고 내가 생각하고 싶은 대로 왜곡하게 된다. 이렇게 생각이 편향되지 않도록 하기 위해선 머릿속으로만 생각을 돌리지 말고, 가끔씩 외부로 뱉어내야 한다.

그 방법 중 하나는 바로 '종이에 적는 것'이다.

우울증 치료법 중 '인지치료'라는 것이 있다. 우울증에 걸리면 '난 뭘 해도 안 돼' '난 아무것도 할 수 없을 거야' '이제 끝났어' 등 모든 생각을 부정적으로 하게 된다. 하지만 그것은 질병으로 인해 생각이 편향된 것일 뿐, 실제로 그런 절망적인 상황에 처해 있는 것은 아니다.

이러한 '인지왜곡'을 교정하는 방법이 바로 '인지치료'이다. '인지치료'는 나의 생각이나 기분을 종이에 적어 보는 것이 시작이다.

머릿속으로만 생각하다 보면 부정적인 생각이 꼬리에 꼬리를 물고 빠져나오지 못하게 된다. 생각의 내용을 종이에 써서 머리 밖으로 꺼내야만 그 생각을 조금 더 객관적으로 볼 수 있게 되고, 비로소 그 생각에 '인식의 왜곡'이 많이 들어있다는 것을 알 수 있다.

'인지왜곡'의 주요 내용은 다음 장의 표와 같은 패턴으로 나뉘어 있다.

'인지왜곡'의 10가지 패턴

① 모 아니면 도

조금 실수했을 뿐인데 '이제는 전부 틀렸어'라고 생각한다

② 극단적인 일반화

좋지 않은 일이 한 번 생겼을 뿐인데 '난 항상 이래'라고 생각한다

③ 마음의 필터

좋은 면과 나쁜 면이 있는데 나쁜 면만 눈에 들어온다

④ 부정적 사고

칭찬을 들어도 '어쩌다 재수가 좋아서지' 혹은 '날 뭘 안다고 그런 소리를 해'라며 부정적으로 받아들인다

⑤ 논리의 비약

타인의 행동 하나하나를 근거 없이 나쁜 쪽으로 연관 지어 생각한다

⑥ 과대평가와 과소평가

자신의 결점과 실수를 실제 이상으로 크게 받아들이고 자신의 장점과 성공을 실제보다 작게 생각한다

⑦ 감정적인 단정

'이렇게 불안하니 실패할 게 틀림없다'라고 생각하는 등 감정적으로 모든 것을 단정 짓는다

⑧ '~해야 한다' 식 사고

'~해야 한다' '~해서는 안 된다' 식으로 원리원칙에만 집착해서 자신과 남을 초조하게 만든다

⑨ 낙인찍기

'난 글렀어'라는 식으로 멋대로 낙인을 찍어 단정 짓는다

⑩ 그릇된 자기 책임화

뭔가 문제가 생겼을 땐 '전부 내 탓이야'라고 생각한다

생각을 글로 옮긴 것을 다시 한번 읽어보고, 거기서 '인식의 왜곡'을 제거하면 생각이 조금은 긍정적으로 바뀐다. 인지 치료가 우울증 치료법이기는 하나 우울증이 아닌 사람들에게도 도움이 될 수 있다.

무언가 고민이 있을 때, 마음이 힘들 때, 걱정이 쌓여갈 때 그것을 글로 써 내려가다 보면 조금은 편안해지며 해결 방법을 찾게 되기도 한다. 따라서 일기나 블로그를 쓰는 습관을 들이는 것도 큰 도움이 된다.

또 다른 생각의 아웃풋 방법은 사람에게 말하는 것이다. 종이에 써서 다시 읽어보며 객관성을 찾으려 해도, 인지왜곡이 마음 깊은 곳까지 뿌리 내린 상태라면 혼자 해내는 것에는 한계가 있다. 여전히 무엇이 옳고그른지 판단이 서지 않을 수가 있기 때문에, 이럴 때는 다른 사람의 의견을 들어보는 것이 좋다.

마땅한 대화 상대가 없다면 인터넷에 글을 쓰면 된다. 블로그가 대표적이지만, 이름을 밝히고 싶지 않다면 익명 게시판에 쓰는 것도 괜찮다. 어떻게든 엉킨 생각을 밖으로 끄집어내야 한다.

연애와 관련한 고민이 있을 시에는 더더욱 인터넷에서의 조언이 효과적이다. 고민이란 당사자에게는 특별하고 절실하며 극적이다. 하지만 타인의 입장에서는 그저 흔한 이야기로 비칠 수 있다. 그럴 때 인터넷 속 일절 모르는 사람의 의견을 듣게 되면 보다 깨어있는 시각에서의 충고를 들을 수 있어 도움이 된다.

다른 사람의 경험을 참고하는 용도로 익명 사이트의 고민을 읽는 것도 유용하다. 인터넷 안에는 여러 개인의 다양한 고민이 넘쳐난다. 시간때우기에도, 문제 해결을 위한 참고에도 좋다. 글을 읽다 보면 '세상에는 여러 가지 인생이 있구나…' '객관적으로 보면 간단한 고민도 자신이 그 상황에 부닥쳤을 때는 결정을 내리지 못하는구나' 등 새로운 배움의 기회가 되기도 한다.

하지만 사실 가까운 친구에게 의견을 구하는 것이 비교적 좋다. 친구란 나와 어느 정도 가치관이 비슷하지만, 나의 고민을 조금 다른 각도로 바라봐 준다. 가급적이면 여러 명의 친구에게 물어보는 것을 추천한다. 한 명의 친구에게 조언을 얻는 경우, 그 조언이 이상하다 판단될 때 내가 틀린 것인지 상대가 틀린 것인지도 알 수 없게 된다.

그러나 여러 사람의 의견을 들으면 '객관적으로 그렇게 보이는구나'라는 것을 어느 정도 파악할 수 있다.

자신이 뭔가 이상한 행동을 저질러 버렸을 때 "그거 좀 이상하지 않아?"라고 말해줄 수 있는 진솔한 친구를 가능한 몇 명이라도 사귀어 보자.

메모만 해도 기억력이 좋아진다

모르는 것이 있을 때 스스로 알아보는 습관을 길러두면 도움이 된다. 간혹 "중학교나 고등학교에서 배우는 공부는 사회에서 전혀 도움이 되지 않는다"라고 말하는 사람이 있다. 그러나 학창 시절의 공부는 우리에게 '스스로 무언가를 찾아보고 지식을 얻게 해주는 경험'을 준다.

중고등학생 때 제대로 공부하는 방법을 익혀두면, 추후 어떤 것을 새로 배우게 되더라도 큰 어려움 없이 습득할 수 있다. 현재 나 또한 학교에서 배운 것을 많이 잊어버렸다. 그러나 재미있게 공부하는 법만큼은 기억하고 있고, 생활에 큰 도움이 되고 있다.

나는 대체로 책이나 인터넷에서 글을 읽고, 원고나 블로그 글을 쓰며 하루를 보낸다. 원래 책을 읽는 것에 지루함을 느끼지 않는 성격이었고 읽고 쓰는 것 자체가 단순한 취미였는데, 요즘은 어느새 일이 되었다. 책 한 권을 쓰기 위해서는 100권 이상의 책을 읽어야 한다는 말과 같이 글을 잘 쓰려면 글을 많이 읽어야 한다.

나는 읽고 싶은 책이 있다 해서 무조건 구매하지는 않는다. 대부분은 도서관에서 빌려 읽으며 그 책을 다시 읽고 싶어지면 다시 도서관에서 빌린다. 집에 있는 책장 수에는 한계가 있기에 도서관을 나만의 책장으로 활용하고 있다. 만약 도서관에서 빌려 다 읽은 후 '이 책은 옆에 두고 주기적으로 읽고 싶다'라거나 '이 책은 너무 좋아서 부적처럼 갖고 싶다'라고 생각이 들면, 서점에서 그 책을 구매하는 편이다. 뭐, 그런 책은 백 권에 한 권 정도지만.

중요한 건 책을 읽고 최대한 메모해야 한다는 것이다. 책을 읽기만 하고 써두지 않으면 금방 잊어버린다. 나중에 다시 읽어보기 위해서라도 메모는 중요하지만, '손을 움직여 메모하면 기억에 더 잘 남는다'라는 사실을 활용하여 기억에 오래 남기기에도 좋다.

메모하는 방법은 책의 중요도에 따라 종류를 구분하고 있다.

❶ 중요도 : 없음

첫째, 별로 재미없었던 책의 경우. 잊어버려도 무방하기에 메모하지 않는다.

독서량을 기록하고 자기만족을 얻기 위해 북로그Booklog라는 인터넷 독서 기록 서비스에 책 이름만 등록해두기도 한다.

❷ 중요도 : 낮음

둘째, 책에서 몇 군데 재미있는 부분이나 궁금한 부분이 있다면, 책을 북로그에 등록할 시에 흥미로웠던 부분을 인용하여 함께 등록한다.

이렇게 하면 나중에 그 내용이 궁금해졌을 때 책을 다시 읽어보지 않고도 중요한 부분만을 빠르게 참고할 수 있다. 책 속의 한 문장만 읽어보아도 연쇄적으로 책의 내용을 어느 정도 떠올릴 수 있다.

❸ 중요도 : 중

셋째, 책이 전반적으로 재미있는 경우, 재미 요점들을 메모로 정리하여 독서기록용 블로그에 올려둔다.

독서 기록용 블로그는 다른 사람들에게 공개하기 위한 용도가 아니기에 메모 내용도 간략하다. 다른 사람이 보기에는 조금 난해해 보여도 괜찮다. 어쨌든 내가 다시 읽었을 때 책의 재미를 재현할 수 있다면 그것으로 좋다.

'남에게 보여주지 않을 거라면 왜 굳이 인터넷에 공개하는가?'라 물을 수 있겠지만, 블로그의 최고 장점은 인터넷에서 내 이름을 검색하는 간단한 일로 글을 찾을 수 있다는 점이다. 또한, 웹에 적어두었기 때문에 모종의 이유로 컴퓨터의 데이터가 모두 사라지더라도 그 글만큼은 안전하다는 장점도 있다.

❹ 중요도 : 높음

마지막으로 아주 좋은 책이라서 꼭 다른 사람에게 소개하고 싶다거나 그 책을 읽고 여러 깨달음을 얻게 되는 경우가 있다. 그럴 때도 SNS에 책에 대한 소감을 써서 공개하는데, 이때는 전혀 모르는 사람이 읽어도 그 책이 얼마나 재미있는지 알 수 있도록 나름대로 글을 열심히 쓴다. 일종의 '영업'인 셈이다.

효율적으로 메모하는 법에 대해 정리했지만, 사실 그냥 메모하는 것보다도 중요한 것이 따로 있다. 바로 '타인이 볼 수 있는 공간'에 공유한다는 점이다. 나는 이 지점을 매우 중요하게 여긴다. 남에게 전달해야 한다는 것을 의식하는 순간 글을 더욱 신중하게 쓰게 되기 때문이다. 내가 느낀 재미나 감상을 보다 알기 쉽게 언어화해야 하고, 그러다보면 자연스럽게 책에 대한 자신의 이해도도 깊어진다.

꼭 책 소개가 아니더라도 블로그에 글이나 책을 쓸 때 '내가 깊이 알고 싶어 글을 쓴다'라는 생각을 한다. 머릿속으로 막연하게 떠올리던 것들을 언어화하여 글로 표현하는 것은 매우 즐거운 일이다. 글을 다 쓰고 나면 머릿속이 한결 정리되는 느낌이 들기도 한다.

언제 어디서든 구글링만 하면 무엇이든 찾아볼 수 있는 세상이 되었다. 단순히 무언가를 알고 있다는 것은 큰 의미가 없다. 그 아는 것을 어떻게 자신의 피와 살로 만들어 활용할 수 있느냐가 중요하다.

그리고 단순했던 정보를 피와 살이 되게 하려면 다른 사람의 눈을 의식해 글을 출력해 보는 것이 효과적이다. 무언가를 배우고 싶다면 궁금한 것을 직접 찾아보고, SNS에 글을 올려 자신의 언어로 정리해 보자.

머리를 믿지 말고 손가락을 믿어라

물건을 최소한으로 소유하겠다고 고민한 결과 '책 따위는 모두 전자책으로 만들면 된다' '모두 디지털화시켜 버리자'라고 주창하는 사람들도 늘고 있다.

전자책이 편리한 건 사실이다. 그러나 나는 종이책을 선호하는 편이다. 굳이 세세한 내용을 기억할 필요가 없는 만화나 소설은 전자책으로 읽어도 괜찮다. 하지만 페이지를 앞뒤로 넘겨볼 수 있고, 또 깊이 생각하며 읽어야 하는 독서에는 역시 종이책이 더 적합하다고 생각한다.

종이책이 전자책보다 기억에 더 잘 남기도 한다. 책을 들고, 책장을 넘기고, 종이의 질감을 피부로 느끼는 비언어적 자극을 수반하기 때문일 것이다.

정보를 잘 기억하고 싶다면 비언어적 요소와 연결하는 것이 효과적이다. 기억해야 할 정보와 함께 색이나 소리, 그림 등을 연결하면 더 기억하기 쉽다는 것은 이미 널리 알려진 바이다. 예컨대 노래 가사로 원소 주기율표를 외우거나, 말장난으로 영어 단어를 외우는 것 등이 있다.

마찬가지로 책을 읽을 때도 책의 무게를 느끼고 페이지를 넘기고, 모서리를 접고, 직접 선을 긋는 행위는 디지털로 하는 것보다 실제로 물리적으로 하는 것이 더 쉽다.

업무나 쇼핑 목록도 컴퓨터나 스마트폰으로 메모하는 것보다 메모지에 펜으로 쓰는 것이 머릿속에 더 잘 새겨진다. 작업이 끝나면 펜으로 선을 그어 지우거나 종이를 뭉쳐 버리면 일종의 성취감 같은 것을 느낄 수 있다.

전자책이 구매하기 편하다는 것은 분명한 사실이다. 실제 서점까지 갈 필요도 없고, 인터넷 쇼핑몰에서 우편으로 배송을 기다릴 필요도 없이, 클릭 한 번으로 바로 데이터를 내려받아 읽을 수 있는 것은 확실히 편리하고, 나도 가끔 이용한다. 하지만 평소에 잘 가지 않는 큰 서점에 가서 책장을 하나하나 돌아보며 손수 그 책을 찾고, 지하철 의자에 앉아 가방을 열고 책을 읽기 시작하는 등 평소에 잘 하지 않는 '체험'과 책의 내용을 연결하면 나중에 책 내용이 기억에 잘 남는다.

나는 디지털과 아날로그 정보 도구를 다음과 같이 구분하여 사용하고 있다.

디지털(컴퓨터상의 데이터)

잊어버려도 되는 것은 디지털로 남겨두면 된다. 소설처럼 재미로 읽는 것, 기억이 나지 않아도 필요할 때마다 찾아보면 되는 정보 등은 적당히 컴퓨터나 클라우드에 저장해 둔다. 중요한 것은 '잊어버려도 되지만 검색하면 나올 수 있도록' 하는 것이다.

아날로그(종이책, 노트 등)

단순히 아는 것에 그치지 않고, 그 지식과 정보를 내 피와 살처럼 활용하고 싶은 경우에는 종이책으로 보관한다. 익히고 싶고 사유하고 싶은 것은 펜으로 글을 쓰면서 기억에 담을수록 좋다.

최종적으로 글을 쓸 때는 컴퓨터로 쓰지만, 처음 아이디어를 내고 대략적인 이미지를 정리하는 단계에서는 종이와 펜을 쓴다. 단편적으로 떠오른 것들을 큰 종이에 무작정 써내려 가는 것으로 시작한다.

디지털로 입력하는 것보다 손으로 쓰는 것이 글자의 크기와 색깔, 배치 등을 조절하기 더 용이하다. 뿐만 아니라 화살표 등의 기호를 사용하며 알게 된 정보에 나만의 '색'을 입힐 수 있다.

인간의 뇌는 자극에 금방 익숙해지기 때문에 색상, 형태 등을 활용해 풍부하게 정보를 담는 것이 중요하다. 나중에 떠올릴 때 '훅'이 될 수 있는 요소를 많이 심어두는 것이다.

구글링만 하면 누구나 쉽게 구할 수 있는 무색무취의 중립적인 정보에는 의미가 없다. 정보를 자기 나름대로 씹어먹고 어떻게 자기만의 의미가 담긴 아웃풋으로 만들 수 있느냐가 중요하다.

다양한 정보들의 조각들을 연결해 나만의 무언가를 만들어내기 위해서는 앞서 말했듯 색상, 배치, 도형 등의 비언어적 요소를 활용하는 것이 효과적이다. 그리고 이런 작업을 위해서는 적어도 컴퓨터나 휴대폰 보다는 종이와 펜과 같은 아날로그 도구가 필요하다.

나는 원고 준비로 노트를 사용할 때 단순히 단조롭게 메모를 하는 것이 아니라 '마인드맵' 형식으로 정보를 조합하여 색과 도형을 넣은 그림으로 정리한다.

이러한 지적 생산을 위한 정보 기술은 시중에 많이 나와 있으니, 여러 가지를 시도해 보고 자신에게 맞는 방법을 찾으면 생산성이 높아질 것이다.

내 경우엔 먼저 종이 노트에 단편적인 아이디어를 적고, 그것이 정리되면 컴퓨터에 타이핑을 하는데, 타이핑한 글을 다듬을 때는 그것을 다시 프린트해서 읽고 펜으로 수정하기도 한다.

출력하는 것이 조금 번거롭긴 하지만, 모니터로 글을 보는 것보다 출력된 종이로 보는 것이 더욱 객관적으로 전체 내용을 파악하며 수정이 가능하다.

글의 데이터는 클라우드에 저장되어 있기 때문에 스마트폰에서도 접근할 수 있도록 되어 있다. 가끔 스마트폰의 작은 화면으로 읽어보면 또 다른 시각으로 원고를 들여다볼 수 있게 된다. 매체를 바꿔가며 글을 읽어보는 것이 간과한 부분을 발견하기에 좋다.

각자마다 자신에게 맞는 방식이 있기에, 반드시 여러 가지를 시도해 보고 나만의 방법을 찾아볼 수 있도록 노력해 보자.

똑똑한 사람은 그만둘 때를 안다

얼마 전 바둑 중계를 보다가 한 명인이 던진 수를 바로 번복해 해설진들이 놀라워하던 장면을 본 적이 있다. 수를 번복한다는 것은 그 한 수를 두기 전의 판으로 돌아가면서 자신이 한 수를 잃은 상황을 감내하겠다는 것이 된다. 그리고 그 명인은 이렇게 말했다.

"아까의 한 수는 실수였습니다. 조금 손해를 보더라도 전의 상황부터 다시 시작하게 해주세요."

이 선택이 대단한 이유는 비단 손해를 감내했다는 것

때문만은 아니다. 본래 인간은 자신이 이미 결정한 일을 '옳지 않다'라고 인정하는 것을 어려워한다. 나를 부정하는 것을 인정하고 싶지 않은 심리가 작동하기 때문이다.

그러나 그 명인은 자신의 실수를 즉각적으로 직면하였고 선택을 번복하였으며, 대국이 끝난 후 그는 자신의 번복에 대해 "조금 부끄럽지만 어쩔 수 없었다"라고 말하기도 했다. 결과적으로는 그 부끄러운 선택으로 인해 그는 대국에서 승리하게 되었다.

참고로 지금 바둑의 세계에서는 컴퓨터가 인간 프로 기사를 이기는 것이 일상화되어 있는 상황이다. 컴퓨터의 바둑은 인간이 의식하는 흐름이나 의지 등을 갖지 않고 그 자리에서 최선의 수를 두기 때문에, 인간에게는 어색해 보이는 수들도 많다. 그러나 그것이 오히려 결과적으로는 강점이 된다.

자신이 과거에 내린 판단이나 쏟은 에너지가 헛된 것임을 인정하기란 쉽지 않다. 하지만 잘못된 방향으로 계속 나아가는 것보다는 빨리 정책 전환을 하는 것이 오히려 나를 지키는 길이다.

'콩코드의 오류'라는 말이 있다. 콩코드라는 초음속 여객기 개발의 실패에서 비롯된 말이다.

콩코드는 영국과 프랑스가 공동으로 막대한 예산을 들여 개발한 기체인데, 완성되기도 전에 이미 '향후 수익성을 기대할 수 없으니 개발을 중단하는 게 낫다'라는 견해가 나왔다. 하지만 '지금까지 투입한 자금과 노력을 낭비할 수 없다'라는 이유로 개발은 계속 진행되었고, 결국 예상대로 상업적으로 실패했다.

비슷한 논리로 주식 투자에서 '손절매가 가장 중요하다'라는 말이 있다.

구입한 주식이 하락했을 때, 많은 사람은 자신의 선택이 잘못되었다는 것을 인정하고 싶지 않아 '조금만 더 기다리면 금세 오를 거야…'라고 생각하며 주식을 계속 보유하는 경우가 많다. 하지만 그 선택이 오히려 더 큰 리스크로 오곤 한다.

뭔가 잘못됐다 싶을 때, 차라리 손해를 감수하고 즉각 매도하는 것이 현명한 선택이다. 더 늦어버리면 피해는 막심해지는 법이다.

콩코드처럼 비상한 사람들이 대거 모인 프로젝트에서도 이런 실패를 겪는데, 우리라고 실패가 없을 수 있겠는

가. 무엇보다 과거의 실패를 경험하면 일종의 패턴을 읽게 되고, 비슷한 상황에 처했을 때 조금 더 나은 대응을 할 수 있게 된다.

'콩코드의 오류'는 비단 인간만의 현상이 아니다. 동물들도 어렵게 구한 먹이일수록 그 가치를 과대평가하는 판단 착오의 상황을 겪곤 한다. 그만큼 '콩고드의 오류'는 그저 본능에 따른 착각이다. 그러나 인간이라면 응당 가지고 있는 지능을 활용하여 그만둘 때를 직시할 수 있어야 한다.

나도 살다 보면 가끔 실수를 한다. 애초에 실수라는 것은 지구상 모두가 하는 것이 아니던가. 하지만 실수를 발견하면 '아. 미안. 틀려버렸군.'라고 생각하며 빨리 수정하는 편이다. 아마도 '자존심이 상한다'나 '체면이 서지 않는다' 같은 말에 별로 개의치 않는 성격 덕분일 것이다. 잘못된 길을 선택했을 때는 가능한 한 빨리 되돌아가야 후환이 덜하다.

괜히 망설이다가 일을 더 그르치지 말고, 실수를 저질러 버렸다면 잘못했음을 곧바로 인정하며 다시 시작할 수 있는 용기를 가지자.

과한 것보다는 모자란 것이 낫다

후쿠모토 노부유키福本伸行의 『텐』이라는 만화의 마지막 장을 좋아해 몇 년에 한 번꼴로 되풀이해 읽곤 한다. 『텐』은 마작 만화인데, 그 마지막 장에 한해서만 마작이 전혀 나오지 않는다.

고고한 천재 아카기 시게루는 조발성 알츠파이머에 걸려 이성을 잃기 전 자신의 손으로 삶을 끝내려 한다. 자살하려는 아카기를 말리려고 옛 동료와 적들이 필사적으로 설득에 나선다. 그런 삶과 죽음을 둘러싼 대화가 단행본 세 권 분량에 걸쳐 펼쳐진다.

그중에서도 가장 좋아하는 장면은 아카기와 폭력단 조장인 하라타의 대화다. 광역 폭력단 조장 자리에 올라 돈과 권력, 성공을 거머쥔 하라타를 향해 아카기는 이러한 대사들을 날린다.

"네놈은 성공을 과도하게 쌓아 올렸어...!"

"아무리 돈과 권력을 손에 거머쥐었다고 해도 사실은 궁핍하기 짝이 없지! '성공'이란 녀석은… 인간을 자유롭게 그냥 내버려두지 않아."

"넌 지금… 네 맘대로 움직일 수도 없잖아?"

저런 말을 내뱉으며 제 몸뚱이 하나만 남기고 죽어가는 아카기란 인물이 내게는 한없이 매력적이다.

성공을 부정하려는 것이 아니다. 살아가는 데 성공을 목표로 하는 자세는 필요하다. 그러나 일단 성공을 거두었으면, 최대한 빨리 내려놓는 것이 좋다. 그간 쌓아 올린 것들이 나를 옭아매는 장해물이 되어 자유를 억압하기 때문이다. 가끔은 제때 내려놓을 줄도 알아야 한다.

‘주의자원主意資源’이라는 개념이 있다. 인간이 무언가에 주의를 기울일 때 소모되는 에너지를 뜻한다. 중요한 것은 ‘인간의 주의자원은 유한하다’는 것이다. 인간은 소유물이 많을수록 물건 하나하나에는 소홀해진다. 따라서 아무리 넓은 집을 가졌어도 인간이 효율적으로 활용할 수 있는 물건의 수에는 한계가 있다.

돈과 권력, 인간관계, 기억과 체험에서도 같은 논리가 적용된다. 무엇이든 넘치도록 갖고자 하면 전부 잃게 된다. 많이 가지면 가질수록 하나하나를 향한 애정과 감동은 줄어들기 마련이다.

반대로 말하면, 아무것도 가지지 않은 텅 빈 상태일 때 새로운 무언가를 얻을 여지가 생기는 것이다.

요가를 하는 지인이 ’숨을 깊이 들이마시는 비법은 일단 한계에 다다를 때까지 숨을 내쉬는 것‘이라 말한 적이 있다. 뭔가를 얻고 싶다면 지금 가지고 있는 것을 버리면 된다. 공간이 생기면 자연히 새로운 것이 그 안에 들어올 것이다. 더는 망설이지 말고 필요 없는 것들을 버려보자.

내 얘기를 하자면 난 몇 년에 한 번꼴로 괴성을 지르며 이런 상태로 치닫곤 한다.

"더는 못해 모든 게 다 지긋지긋해! 한 발짝도 진전이 없는 지금 같은 상황은 다 때려치울 거야. 이젠 다른 걸 하겠어!"라고 말이다. 아마 변덕이 심한 성격 탓일 거다. 이런 충동이 벌컥 일어날 때마다 다른 일을 하거나 환경을 바꾸곤 한다.

오히려 무엇이든 쉽게 질리는 성격이 필요 이상 쌓아 올린 무언가에 속박당하는 상황으로부터 나를 지켜주기도 한다.

성공은 결과보다 거기에 이르기까지의 과정이 중요하다. 성공하려고 노력하는 과정은 즐겁고 생기 넘치지만 일단 목표를 달성해버리면 성공한 상황이 계속 이어지는 것에 질려 또 새로운 뭔가를 바라고 만다. 인간은 비슷한 상황이 이어지는 것을 견디지 못하는 변덕스러운 생물이다. '과거에 연연하지 않는다'에서 다뤘듯 인간은 실패를 범해도 과거에 연연하느라 쉽게 그만두지 못한다.

하물며 그것이 실패가 아닌 성공이라면 더욱 내려놓기 어렵다. 하지만 성공으로 얻은 것도 필요 이상 쌓으면 갑갑함을 느껴버리기 쉽다. 따라서 가끔 괴성을 지르며 해왔던 것들을 놓아버리거나 부숴버리고, 꽉 막힌 현재 상황을 초기화하는 것도 나쁘지 않은 선택이다.

뭔가를 얻는 것도 즐겁지만 뭔가를 부수는 행위도 통쾌하고 즐겁다. 현 상황에 지쳤을 때는 괴성을 지르며 현재를 둘러싸고 있는 지루한 것들을 부숴보자.

이번 장에서 '주변 환경을 깨끗하게 하는 것'에 대해 여러 가지를 살펴보았지만, 주변 환경을 조정하는 것만으로는 한계가 있고, 아무리 환경을 바꾼다 하더라도 금세 지루해지기 마련이다. 가끔은 멀리 떨어진 곳에 가서 근본적으로 다른 환경에 몸을 맡겨 보도록 하자.

이 책에서 '○○를 하지 않는다'라는 리스트를 잔뜩 적었는데, 스스로 써놓고 이런 말을 하기도 좀 계면쩍지만 여기 적힌 모든 사항을 완벽하게 실천하는 사람이 있다면 조금 으스스하게 느껴질 것 같다.

이런 책은 대강대강 읽고 적당히 자신에게 도움이 될 법한 부분만을 골라 참고하기를 바란다.

만약 누군가 나에게 '당신은 이 책에 적힌 36가지 사항을 매사 완벽하게 지키는가?'라고 묻는다면, 나는 '아니오'라고 대답할 것이다. 물론 나도 늘 이렇게 살고 싶다고는 생각하지만 자주 깜빡하고 자책하는 실수를 범하곤 한다.

하지만 살아가다 보면 이길 때도 있고 질 때도 있지 않은가. 내가 실패할 때마다 길을 멈추면 결코 앞으로 나아갈 수 없을 것이다.

언제나 인생은 뜻대로 되지 않는 법이다. 느슨하게 살고 싶었는데 열심히 살아버렸다고 해서, 혹은 열심히 살고 싶었는데 조금 느슨하게 살아버렸다고 해서 당신이 잘못한 것은 아니다. 내 마음과 반대로 행동하게 되었을 때에도 적당히 포기하고 요령껏 가볍게 살아가자.

맺으며

대학 시절 기숙사 선배와 나눈 대화가 지금도 머릿속에 남아 있다.

"정어리 알지? 정어리는 잔뜩 무리 지어 헤엄치잖아. 그러다가 가끔 고래들이 와서 덥석 먹어버린대. 그때 잡아먹힌 녀석들은 죽고 잡아먹히지 않은 녀석들은 도망치지. 인생도 그런 거야."

"무슨 일이 갑자기 터져도 피할 수 없다는 말인가요?"

"그래. 잡아먹혀서 죽는 건 피할 길이 없고, 또 거기에 의미 같은 것도 없어. 인간이 살고 죽는 것도 마찬가지야. 다들 인생에 의미가 있기를 원하지만 삶과 죽음, 성공과 실패 모두 순간적인 사고에 지나지 않지. 거기에 의미 따위를 떠올려봐도 나중에 갖다 붙인 결과론에 지나지 않아. 그러니 깊게 생각하지 말고 멋대로 살아가면 돼."

'일리있네'라고 생각했다. 인간은 모든 일에 의미나 이유가 있기를 바라는 생물이지만 실제로 대단한 의미가 있는 일은 많지 않다. 인간이 나중에 갖다 붙이는 것일 뿐이다. 동식물과 똑같이 인간도 자기 의지와 관계없이 태어나 세월이 어느 정도 흐르면 우연한 계기로 죽는다. 단지 그뿐이다.

그런 게 인생이라면 '이건 반드시 해야 해'라거나 '이걸 하지 않으면 안 돼' 같은 규칙에 속박당하지 말고 자신의 마음이 향하는 대로 살면 그만이라고 생각한다.

대부분의 사람들이 취하고 있는 일반적인 삶의 형태는 그저 누군가 빚어놓은 그릇일 뿐이다. 나를 구기고 잘라내서 그 그릇 안에 내 인생을 담으려 하다가는 진심이 남아나지 않게 될 것이다.

아마도 '뭘 하고 싶은지' '뭘 해야 하는지'를 찾는 게 인생 아닐까. 그걸 찾아내는 것만이 내 인생을 내가 직접 빚는 일이 될 것이다. 이 책을 읽고 있는 독자들이 남은 삶 동안 나만의 인생 그릇을 '나답게' 빚어갈 수 있기를 바란다.

파pha

남이 만든 그릇에
내 인생을 담지 마라

초판 1쇄 인쇄 2024년 07월 29일
초판 1쇄 발행 2024년 08월 05일

지은이 pha(파)
펴낸이 이부연
총괄디렉터 백운호
책임편집 하유진
표지디자인 최성경

펴낸곳 (주)스몰빅미디어
출판등록 제300-2015-157호(2015년 10월 19일)
주소 서울시 종로구 내수동 새문안로3길 30, 대우빌딩 916호
전화번호 02-722-2260
인쇄·제본 갑우문화사
용지 신광지류유통

ISBN 979-11-91731-67-5 (03190)